Stochastic Programming Model and
Application of Asset Liability Management for
New Life Insurance Products

新型寿险产品资产负债管理
随机规划模型与应用

金博轶◎著

中国金融出版社

责任编辑：张清民
责任校对：张志文
责任印制：裴　刚

图书在版编目（CIP）数据

新型寿险产品资产负债管理随机规划模型与应用（Xinxing
Shouxian Chanpin Zichan Fuzhai Guanli Suiji Guihua Moxing yu
Yingyong）/金博轶著．—北京：中国金融出版社，2018.10
　　ISBN 978 - 7 - 5049 - 9652 - 7

　　Ⅰ.①新…　Ⅱ.①金…　Ⅲ.①人寿保险—保险公司—资产负
债结构—风险管理—研究　Ⅳ.①F840.62

中国版本图书馆 CIP 数据核字（2018）第 151591 号

出版
发行　**中国金融出版社**

社址　北京市丰台区益泽路 2 号
市场开发部　（010）63266347，63805472，63439533（传真）
网 上 书 店　http://www.chinafph.com
　　　　　　　（010）63286832，63365686（传真）
读者服务部　（010）66070833，62568380
邮编　100071
经销　新华书店
印刷　北京市松源印刷有限公司
尺寸　169 毫米 × 239 毫米
印张　12
字数　150 千
版次　2018 年 10 月第 1 版
印次　2018 年 10 月第 1 次印刷
定价　40.00 元
ISBN 978 - 7 - 5049 - 9652 - 7
如出现印装错误本社负责调换　联系电话（010）63263947

前　言

　　资产负债管理是保险公司风险管理的重要组成部分，因资产负债管理不善而导致公司陷入财务危机甚至破产的案例比比皆是。寿险公司的资产负债管理，关键是对其主要业务所形成的负债和资产配置策略进行管理。近些年来，寿险公司的主要业务构成已经从传统产品转变为新型寿险产品，包括分红险、投连险、万能险等不保证保险利益的人身保险产品。在我国一些寿险公司中，新型寿险产品保费收入已经占到总保费收入的90%左右。有鉴于此，本书研究的是寿险公司的新型寿险产品的资产负债管理问题。

　　在管理决策的视角下，可以将资产负债管理问题看作一个求解的优化问题，目标函数基于资产组合的回报，约束条件则基于未来负债构成及其特征。又考虑到投资决策的多阶段性以及资产与负债现金流的不确定性，该优化问题实际上是一个多阶段的动态规划问题。

　　从计算角度看，尤其是考虑到负债约束的复杂性，用传统的确定型优化方法很难求解新型寿险业务的资产负债管理问题。为此，本研究尝试用随机规划模型求解这种由新型寿险产品形成的表述为多阶段性和动态优化问题的资产负债管理决策问题。这个研究思路，其实是借鉴了一些学者和专家在研究养老金、银行以及基金公司的资产负债管理问题中的做法，只是由于寿险业务负债现金流的特殊性，在具体方法上有显著的不同，不可能简单模仿或照搬，而解决这些不同特点的问题，则构成了本研究的主要内容和创新点。

首先，是构建模型，本书第三章为新型产品构建了资产负债管理的随机规划模型，提出了模型的两个决策问题：资本配置和资产配置。模型的目标函数为产品收益率的期望效用函数，而约束条件则包括现金流账户平衡约束、存货平衡约束、红利分配约束、监管约束及投资约束等。其中，现金流账户平衡约束保证每个时间点的现金流入都能够弥补现金流出；存货平衡约束表明期初对某种资产的投资额等于调整买卖行为后的前期期末的投资额；监管约束主要反映保险监管机构对保险公司偿付能力充足率的法定要求；投资约束考虑了监管机构对产品可投资资产的种类和比例限制。

其次，应用随机规划模型的关键点之一是随机模拟未来的各种情景。传统的随机抽样及调整随机抽样方法会使优化结果存在一定的波动，主要原因在于所生成的未来情景较为稀疏，不能很好地代表资产收益率的真实概率分布。如果通过增加每期节点的个数，又会使节点总数呈几何级数增加，从而增大随机规划问题的难度。而本书研究所使用的 K – Means 抽样方法，通过抽取有代表性的情景较好地解决了上述问题，克服了现有研究如 Dupacova（2007）、Consiglio（2006）、金秀（2007）的不足。由于情景树上可能存在套利机会，本书还研究了套利机会存在的检验和排除方法。

最后，关于寿险负债现金流的评估，既是本书研究的难点，也是区别于其他研究的主要部分。本书第五章首先使用带有惩罚的泊松对数双线模型对死亡率进行建模，并对未来死亡率进行预测；对于退保率，则采用计量经济模型并生成未来退保率情景树。以分红型寿险产品为例，比较了一年期方法和监督官（CARVM）评估方法，发现 CARVM 方法对准备金的评估更加谨慎。考虑到我国分红型产品多为带有储蓄性质的两全型产品，其责任准备金的评估更需要谨慎，因此本书建议，对于分红型产品的责任准备金评估采用 CARVM 的方法较好。对于万能型产品，通常有最低保证利率，本书使用期权定价方法对这种最低利率保证进行定价，发现传统评估方法会低估万能型产品的准备金数额，原因在于传统方法并未考虑最低保证利率的价值。

基于上述研究，本书第六章通过实例分析模型的应用效果，得出以下结论：

第一，随机规划模型下，在降低寿险业务对应资本要求的同时，还增加了期望效用水平。原因在于，随机规划模型能够根据未来的各种不同情景对投资组合进行充分调整，使未来各个时期的组合收益率达到最大，同时尽量规避可能的下方风险。

第二，寿险公司的资产配置，在我国市场环境下，综合分析，银行存款约占 10%，综合分析表明，这一持有比例是较为合理的。

第三，寿险公司的资本配置，受模型相关参数的影响显著。以分红型产品为例，保证利率水平、红利分配比例、偿付能力充足率及费用率的增加，都会引起资本要求的增加，主要原因在于：一是当保证利率水平增加时，保险公司未来的投资压力增加，公司会将更多的资产配置于股票市场，偿付能力不足的风险会增加，需要持有更多的资本应对未来不利情况；二是增加红利分配比例，同样意味着增加偿付能力不足的风险，同样需要补充更多的资本；三是监管机构提高偿付能力充足率要求，保险公司也需要持有更多的资本；四是费用水平增加，直接侵蚀利润，严重的情况可能危及偿付能力，因此需要持有更多的资本。

2018 年 3 月，第十三届全国人民代表大会第一次会议批准国务院机构改革方案，设立中国银行保险监督管理委员会作为国务院直属事业单位，不再保留中国银行业监督管理委员会和中国保险监督管理委员会。2018 年 4 月，中国银行保险监督管理委员会正式挂牌。因本书所涉及的内容均为机构改革前，故书中保险监管机构名称仍用保监会。

目 录

第一章　导　　论

第一节　选题的意义

保监会发布的《人身保险公司全面风险管理实施指引》（保监发〔2010〕89 号）第五十四条指出，资产负债管理是公司全面风险管理的重要组成部分，公司应通过资产负债的匹配管理，降低公司所承受的市场风险、信用风险和流动性风险等，这是对保险经营历史经验的总结。事实上，保险公司因资产负债管理不善而陷入财务困境甚至破产的案例比比皆是。20 世纪 90 年代，日本 7 家大型寿险公司由于巨额利差损问题引发的系列破产事件、我国保险公司历史上的利差损包袱以及此次金融危机中的美国国际集团（AIG）财务危机，都与资产负债管理失误有关。因此，如何更加全面地思考保险公司的资产负债状况，并综合考虑公司的各种经营目标，作出适当的资产负债管理决策，显得尤为重要。

新型寿险产品已经成为寿险公司的主要业务，包括分红险、投连险以及万能险在内的不保证保险利益的人身保险产品。在欧美市场，新型寿险产品是在传统保障性寿险产品已经趋于饱和的背景下产生的，主要发展期始于 20 世纪 90 年代。其间正是我国寿险市场进入快速发展轨道的时期，而且从 20 世纪 90 年代初期到中期，我国正处于高利率、高通货膨胀时期。在那个时期，保险公司寿险产品的定价利率普遍较高，有的甚至高达 20%。然而从 1996 年 5 月开始，中央银行连续七次下调居民储蓄存款利率，一年期定期存款利率由 10.98% 降至 1999 年 6 月的 2.25%。同时，由于寿险负债的长期性，利率的下调使保险公司实际投资收益率下降，不能达到预定利率水平，从而形成利差损，据估计，中国寿险业的利差损额度高达 1300 亿元。为了有效化解高利率保单的利差损并防止产生新的利差损，1999 年 6 月 10 日，保监会将寿险产品新保单的预定利率上限下调至 2.5%。预定利率的下调有效地防止了寿险业产生新的利差损。但也给寿险公司的经营带来了新的问题：保险费率比以前有了很大提高，若未来利率上升，传统利率不变型寿险产品不能及时反映市场变化，投保人很可能会选择退保，转而投资其他收益率较高的金融产品，这就给寿险公司的长期稳定经营带来了不稳定的因素。面对这种情况，各寿险公司在借鉴国际寿险业发展经验的基础上，纷纷开发以分红险、投连险及万能险为代表的新型寿险产品。自其诞生以来，新型寿险产品在我国得到迅猛发展，在短短的几年内，新型寿险产品的保费收入曾经一度占寿险总保费收入的 90% 以上。在 2017 年，在保监会倡导保险要回归保障的前提下，市场上销量较大的新型寿险产品逐渐减少，保险回归保障的趋势明显。但是，新型寿险产品依然是保险公司销售的主要产品之一。

　　传统的资产负债管理是基于整个保险公司的，然而，越来越多的资产负债管理模型是基于特定产品的。主要原因是：首先，保险产品在费用特征、期限结构及监管等方面存在差异，分产品建模能够充分地反映这种差异；其次，不同的产品对保险公司的经营结果有不同的影响，分产品建模能够及时有效地反映该产品的财务状况及其对保险公司的经营结果的影响；最后，分产品建模也能够较好地满足监管机构的要求。事实上，保监会发布的《保险机构投资者股票投资管理暂行办法》（保监会令 2004 年第 12 号）第三十六条规定，保险机构投资者运用下列资金，应当分别开立证券账户和资金账户，分别核算：（一）传统保险产品的资金；（二）分红险产品的资金；（三）万能险产品的资金；（四）投连险产品的资金。（五）保监会规定需要独立核算的保险产品资金。

按照不同的管理理念，资产负债管理一般可分为两种模式：资产主导模式和负债主导模式。

资产主导模式是指在开发过程中充分考虑了可投资资产的限制和约束，产品开发以可投资品种为驱动。资产主导模式适用于资本市场不发达国家或地区的保险公司。但缺点是产品开发过度依赖可投资资产，未充分考虑顾客对保险产品的需求状况，保险公司开发出来的产品可能并不满足市场的需求。

负债主导模式可以分为两个阶段：第一个阶段，开发满足市场需求的寿险产品，这个阶段一般不考虑投资环境的限制；第二个阶段，合理的配置资产，以实现未来的保险负债给付，满足偿付能力要求并实现一定的利润。

基于以下两点考虑，本书选择以负债主导模式研究新型寿险产品的资产负债管理问题。

第一，我国保险业的竞争已经非常激烈，如果保险公司在资产负债管理中仍以资产为主导，在产品开发过程中过多地考虑资本市场的限制，开发的产品很可能不能满足市场的需要，一些保险公司将会在激烈的竞争中被淘汰。

第二，随着我国金融体制改革的不断深化及监管措施的进一步完善，资本市场得到了长足发展，保险公司的投资环境有了很大的改善，保险公司的资金运用渠道会越来越丰富，可以逐步满足保险投资的需求。

而且，随着金融市场不断融合的进展，寿险产品的金融功能越来越强，新型寿险产品对投资收益率的波动非常敏感。投资业务经营的好坏对公司盈余影响非常大，随着资本市场不断发展，新的投资工具和创新工具不断产生，其损益结果呈现出很强的时效性、变化性，而以匹配为基础传统资产负债管理方法无法揭示这类投资业务的收益情况及风险状况。因此，应当开发动态资产负债管理系统，作为风险管理和财务预测的工具。由于动态资产负债管理系统有时效性，在关注动态变化的同时，也反映各变量之间的相互关系，可通过产品和投资决策改变资产负债的情况，以应对市场的变化。

如果不考虑第一个阶段的产品开发过程，单从管理学角度讲，负债主导的资产负债管理模式，就是一个在考虑了保险公司未来资产和负债条件下的投资组合决策的问题。考虑投资组合的多阶段性和未来资产和负债现金流的不确定性，投资组合管理实际上是一个多阶段动态决策的问题。"多阶段"是指在持续经营的假设下，保险公司的资产负债管理是一个连续、持续进行的过程。"动态"则是指资产负债管理人员需要对各种决策随时作出动态调整，以适应环境的变化，规避相关的风险。

基于以上分析，应该可以用随机规划模型来解决这类具有多阶段性和动态特征的投资组合决策问题。自 20 世纪 80 年代以来，随机规划已经被陆续用于研究各类金融机构，尤其是用于研究养老基金、商业银行以及投资基金公司的资产负债管理，对保险公司资产负债管理随机规划模型的文献还很少。

本书的研究正是为了弥补这一不足。

第二节　研究目标、研究内容、研究方法、实施步骤及结构安排

一、研究目标

随机规划模型已经被用于研究养老基金、商业银行以及基金公

司的资产负债管理问题，而笔者见到的将其用于研究财险公司的资产负债管理问题的一篇文献是 Carino（1994）的。该研究有两项特点：第一，由于财险公司与寿险公司的业务特点有很大差异，Carino（1994）的模型无法直接用于寿险公司的资产负债管理；第二，基于日本保险市场特殊的投资和监管环境，无法直接用于我国的保险公司。

有鉴于此，本书设定的研究目标是在我国特殊保险资金投资及监管环境下，如何为保险公司的新型寿险产品构建满足其产品特征的资产负债管理随机规划模型，并用实际例子来验证所构建的随机规划模型的合理性。

围绕上述总体目标，需要研究以下几个具体问题：

第一，为新型寿险产品构建随机规划模型，该模型必须符合我国的投资环境及产品的特征要求，满足监管的相关规定。

第二，资产方面，构建用于描述资产组合收益率随机特征的模型。

第三，负债方面，构建用于描述负债现金流随机特征的模型。

第四，使用我国保险公司的新型寿险产品实例，将构建的随机规划模型在上述资产和负债情景下进行测试，检验其合理性。

二、研究内容

围绕上述研究目标和问题，本书的研究内容包括以下五项：

第一，为保险公司的新型寿险产品构建资产负债管理随机规划模型。由于新型寿险产品在期限、是否分红、保证利率、投资限制以及监管条件等方面存在一定的差异，因此，本书为分红险、万能险及投连险分别设计了不同的资产负债管理随机规划模型。模型由目标函数和约束条件两个部分组成，本书使用效用函数理论构建目标函数，目标函数为计划期末的产品投资收益率期望效用函数，约束条件包括现金流约束、监管约束、负债约束等。其中现金流约束保证在每个时间点现金的流入都能够弥补现金的流出；监管约束包括监管机构对偿付能力的要求、各种产品可投资资产的种类和比例的限制等；负债约束能够保证保险公司提取的各种准备金满足未来的保险给付。随机规划模型的决策变量为期初的资本配置和各个时期的资产配置。

第二，为资产收益率进行建模，并生成资产组合收益率的未来情景。本书同时使用向量自回归模型（VaR）及 Copula – GARCH 模型生成资产组合收益率的未来情景，并构建无套利情景树。使用VaR 生成资产组合收益率的未来情景在统计意义上较为可靠，其情景的累计概率分布更接近历史数据。此外，VaR 模型能很好地反映变量不同决策阶段的相关性，是一种优良的情景生成技术；Copula建模的优势是他能够将资产组合收益率的边际分布和相关关系分开考虑，从而增强了金融建模的灵活性。笔者使用 GARCH 模型准确地刻画出资产收益率时间序列存在的不对称性、波动聚集效应及尖峰厚尾等特征，同时利用 Copula 模型把握资产收益率之间存在的非线性相关关系。

情景生成的另一个重要问题是构建情景树，构建情景树的关键在于通过选取有代表性的情景来代表未来的不确定性。笔者比较了随机抽样、调整的随机抽样、矩匹配及聚类分析四种方法，使用K – Means 聚类方法抽取代表性情景。情景树上可能存在套利机会，笔者对这种可能存在的套利机会进行了论述，给出了套利机会存在的检验和排除方法，并给出了无套利情景树的生成实例。

第三，为负债现金流进行建模，并讨论新型寿险产品的负债评估问题。笔者首先使用带有惩罚的泊松对数双线模型对死亡率建模，使用该模型对未来死亡率进行预期，并生成死亡率情景；其次，构建退保率计量模型，并生成退保率情景。在负债评估方面，本书首先使用两种方法（一年期方法和监督官方法）对分红型产品的负债评估进行讨论。研究发现，监督官方法对准备金的评估更加谨慎，鉴于我国分红型产品多为带有储蓄性质的两全型产品，其责任准备金的评估更需要谨慎。笔者认为，对于分红型产品的责任准备金评估采用 CARVM 的方法较好。万能型产品通常有最低保证利率，笔者使用期权定价方法对这种最低利率保证进行定价，实证研究表明，传统方法会低估万能型产品的准备金数额，原因在于传统方法并未考虑最低保证利率的价值。

第四，使用 Lingo 软件对模型求解。由于规划模型的非线性特征，笔者使用 Lingo 软件对模型进行建模并求解，求解的结果也就是本书的决策变量，即初始的资本要求和各个时期各种情景下的最优投资组合决策。因随机规划模型的目标函数为产品在计划期末投资收益率期望效用函数，所以随机规划模型能够使保险公司在有效规避风险的同时最大化公司的效用水平。

第五，对模型涉及的重要参数进行敏感性分析。具体包括以下几个问题：一是当红利分配比例发生改变时，研究资本需求、投资组合策略将会发生何种变化？红利分配比例与上述变量存在何种关系？是正相关还是负相关？二是当保证利率水平发生改变时，上述决策变量会发生何种改变？保证利率水平与各种决策变量之间存在什么样的关系？三是当偿付能力约束发生改变时，规划模型的决策变量会发生何种改变？它们之间存在什么样的关系？四是当费用率发生改变时，规划模型的决策变量又会发生何种改变？它们之间又存在什么样的关系？

三、研究方法

本书以保险公司的资产负债管理为研究对象，从我国寿险公司面临的主要约束出发，综合运用金融期权定价理论、保险精算理论、随机优化控制理论，使用随机规划方法对保险公司新型寿险业务的资产负债管理问题进行研究，并提出可操作性建议。

在研究我国寿险公司投资资产未来收益率时，首先使用向量自回归模型（VaR）和 Copula – GARCH 模型拟合资产收益率随时间变化，并在此基础上生成未来经济情景，使用 K – Means 聚类方法构建情景树，并对情景树可能存在的套利机会进行了讨论，最终构建了无套利情景树。在生成未来负债现金流时，考虑到未来的保单给付、退保给付和费用发生，使用带有惩罚的泊松对数双线模型对死亡率建模，对未来死亡率进行预期，并生成死亡率情景；其次，构建退保率计量模型并生成退保率情景。由于模型的规划期一般小于保单的承保期，优化模型还需要对保单的负债价值进行评估。资产负债管理模型采用随机优化理论，最后使用 Lingo 软件对模型进行求解。

四、实施步骤

在资产负债管理技术应用方面，本书通过分析新型寿险产品资产负债管理决策问题的特征，为新型寿险产品构建了资产负债管理随机规划模型，模型主要由目标函数和约束条件构成。使用情景生成方法（主要包括资产收益率情景和负债情景）代表未来的不确定性。最后使用实例对模型进行优化求解并对相关参数进行敏感性分析。本书研究的实施路径如图 1 所示。

五、结构安排

本书的结构安排如下：

第一章导论介绍选题的背景、意义、设定研究目标和问题，并简要介绍研究思路、内容和创新点；第二章为资产负债管理理论文

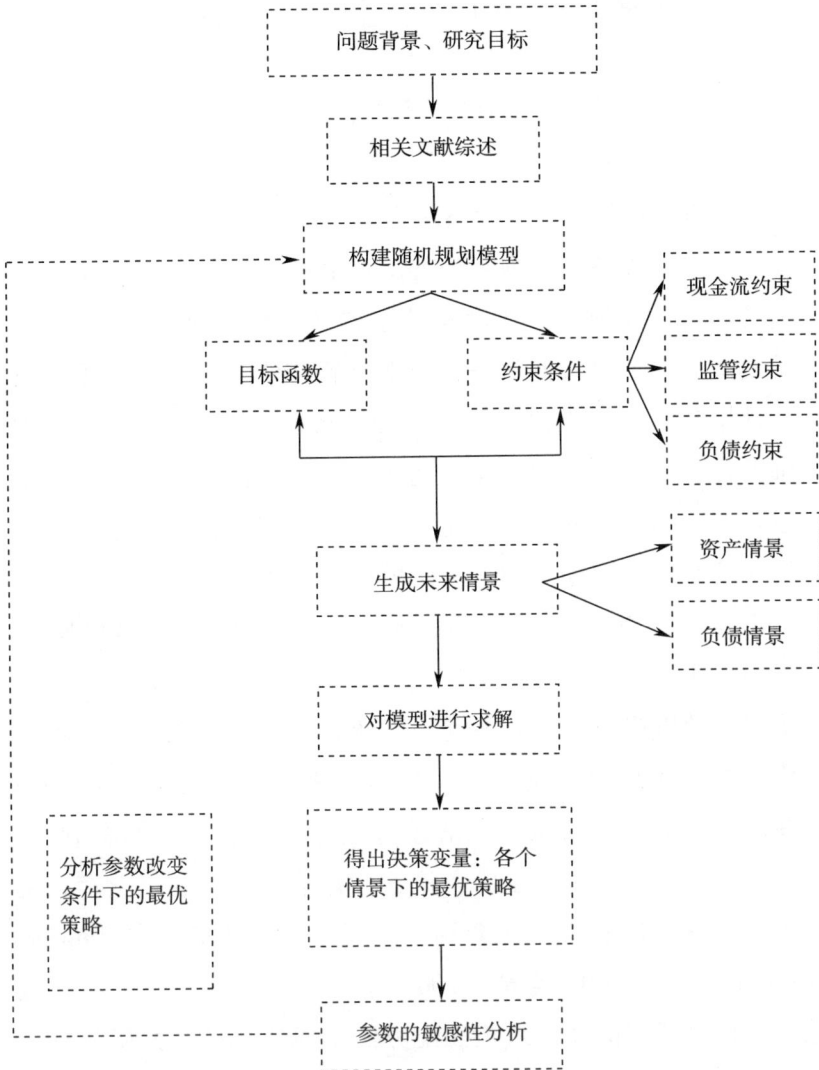

图 1　新型寿险产品资产负债管理随机规划模型与应用研究路径

献综述；第三章为新型寿险产品构建资产负债管理随机规划模型；第四章使用向量自回归模型和 Copula – GARCH 模型生成资产收益率未来情景，并构建无套利情景树；第五章对负债情景生成问题及负债价值评估进行了研究；第六章对随机规划模型进行实例分析，并对相关参数的敏感性进行分析；第七章总结全书。

第三节　本书的创新

本书的创新主要体现在以下三点。

第一，在充分考虑我国新型寿险产品的内部特征及外部资本市场和监管环境的基础上，为其构建了资产负债管理随机规划模型，提出了模型的两个决策问题——资本配置和资产配置。模型的目标函数为计划期末产品收益率的期望效用函数，约束条件考虑了保单所面临的各种内部和外部约束。随机规划模型能够通过一个动态的决策过程不断调整各种决策变量，有效地克服了传统静态模型缺乏适应性与动态性的缺陷。同时，该模型考虑了保险公司面临的利率风险、市场风险和定价风险等风险因素，体现了整体风险管理（ERM）的理念。

第二，随机规划模型的关键是资产和负债情景的生成。本书首先使用向量自回归和 Copula – GARCH 两种模型生成资产收益率情景，在此基础上构建情景树。情景树上可能存在一定的套利机会，本书对这种套利机会进行了深入论述，并给出了套利机会存在的检验和排除方法，最后生成无套利情景树。现有研究（如 Dupacova，2007；Consiglio，2006；金秀，2007 等）在情景树构建上存在两个缺陷：一是使用随机抽样或矩匹配方法生成情景树，而随机抽样生成的情景树往往使优化结果存在一定的波动，矩匹配生成的情景树可能会给未来的某些情景分配零概率，从而导致有意义的情景树分支不够均匀，影响优化结果。二是未考虑情景树上的套利机会。本书使用 K – Means 聚类方法通过抽取有代表性的情景较好地解决了上述问题。

第三，在负债情景生成方面，本书使用带有惩罚的泊松对数双线模型对死亡率建模，有效地解决了 Lee – Carter 模型的两个重要缺陷，即误差项同方差假设和年龄改进项缺乏平滑性问题。同时，使用一年期年龄分组方法，从而克服了祝伟等（2009）和韩猛等（2010）由于年龄分组过大导致的对各年龄段死亡率预测不准确的缺陷。

第二章　文献综述

本章首先系统概述了资产负债管理的理论框架，包括定义、目标、方法；并在此基础上介绍了资产负债管理的传统静态模型和动态模型，通过对养老金、商业银行、证券基金公司资产负债管理中的应用研究进行综述和分析，归纳出本书的选题和研究思路。

第一节　资产负债管理概论

一、资产负债管理的定义

资产负债管理技术的根源可以追溯到 1800 年。第一位现代意义上的精算师、英国公平人寿保险公司的 William Morgan 指出，金融机构需要保持充足的准备金来覆盖未来保险给付责任，需要结转盈余保证金，并且需要对利润的来源进行分类和度量。

北美精算学会（SOA）在《职业精算师专业指南》中对资产负债管理的定义为："资产负债管理是管理企业的一种实践，用来协调企业对资产和负债作出的决策。它可以被定义为在给定的风险承受能力和约束下为实现财务目标而针对与资产和负债有关的决策进行的制订、实施、监督和修正的过程……资产负债管理是适用于任何利用投资平衡负债结构的财务管理的一种重要手段。"

资产负债管理的概念有广义和狭义之分（李秀芳，2001）。广义的资产负债管理是指保险公司按一定的策略进行资金配置来实现其资金运用的安全性、流动性和营利性的目标，并满足负债给付的要求。狭义的资产负债管理主要指在利率波动的环境中，通过策略性改变利率敏感资金的配置状况，来实现金融机构的目标，或者通过调整总体资产和负债的持续期，来维持保险公司正的盈余。可见，广义的资产负债管理概念是从整体风险管理的角度考虑公司所面临的各种风险，而狭义的资产负债管理仅指管理公司的利率风险。本书的随机规划模型从整体风险管理的理念出发，模型充分考虑了保险公司面临的利率风险、市场风险、定价风险等风险因素，因此，本书的模型是基于广义的资产负债管理。

二、资产负债管理的目标与方法

对于主要以承担风险来获利的保险公司而言，业务经营必然面临各种各样的风险，包括市场风险、信用风险、定价风险、操作风险等。资产负债管理是对上述风险进行管理的重要的日常工作，是一个连续进行的动态过程，包括对保险公司的资产负债管理进行方案设计、实施、跟踪步骤。资产负债管理一般有两个目标：其一，确保所投资的资金获得足够的收益，满足负债要求并实现一定的盈利；其二，在实现上述目标的前提下使公司面临的风险控制在一定的范围内，即消除超常的、不可接受的风险。资产负债管理的主要任务是在控制盈余降低风险和为使投资资金获得足够收益所需承担的风险之间进行权衡选择。当然，资产负债管理并非是万能的，很难从根本上解决定价不足、销售体系低效率、管理深度不够等问题。但是，它可以提供管理公司资产负债相关风险的原则性框架。

资产负债管理主要包括计划、实施、反馈三个步骤。

计划是指保险公司根据各种不同的中长期目标制定相应的资产负债管理策略。这些目标主要包括公司的利润目标、财务目标、风险容忍目标及市场占有目标等。而资产负债管理策略主要包括投资策略、风险规避策略等。

实施是指管理人员对上述计划的执行。

反馈是指公司的风险管理人员对上述步骤的实施情况进行定期评估，并将可能存在的问题和改进的一些措施反馈到资产负债管理部门的过程。资产负债管理部门根据反馈意见对其资产负债管理策略进行重新调整。

三、资产负债管理与风险管理的关系

按照保监会《关于印发〈人身保险公司全面风险管理实施指引〉的通知》（保监发〔2010〕89 号），保险公司在经营过程中面临的风险主要有以下七类。

（1）市场风险，是指由于资产的市场价值下降引起损失的风险。资产市值的下降，轻则会引起人寿保险公司盈利能力的不足，重则会造成偿付能力恶化，甚至导致保险公司破产。

（2）保险风险，是指由于定价不足给保险公司带来的可能损失，如死亡率、发病率、营运成本、投资收益率与预期不一致等。人寿保单一般期限较长，如果不能准确地对各种假设进行预计，将会直接影响公司的财务稳定和财务安全。

（3）信用风险，又称对应违约风险，是指由于债务人无法偿还到期债务而产生的风险。保险公司持有的公司债券就存在一定的信用风险。此外，信用风险还包括再保险人无法履行赔付责任的风险。

（4）操作风险，是指由于不完善的内部操作流程、人员、系统或外部事件而导致直接或间接损失的风险，包括法律及监管合规风险。

（5）战略风险，是指由于战略制定和实施的流程无效或经营环境的变化，而导致战略与市场环境和公司能力不匹配的风险。

（6）声誉风险，是指由于公司品牌及声誉出现负面事件，而使

公司遭受损失的风险。

（7）流动风险，又称流动性不足风险，是指由于无法预测的现金流出产生的挤兑风险。人寿保险公司的负债在流出时间和金额上具有很大的不确定性，由于某些事件造成的无法预测的现金流出可能会严重影响保险公司的财务安全。

资产负债管理（ALM）是风险管理的重要组成部分，最初ALM 的产生是为了规避保险公司面临的市场风险（更确切地说是利率风险），但随着 ALM 理论的不断发展，非利率风险如保险风险也逐渐被纳入 ALM 中来。本书提出的随机规划模型综合考虑了保险公司面临的市场风险（如投资收益率波动风险）和保险风险（如死亡率、发病率、费用率和退保率波动风险），体现了整体风险管理（ERM）的理念。当然，模型并未考虑到信用风险、操作风险、战略风险、声誉风险和流动性风险等其他风险，这也成为后续研究的一个方向。

资产负债管理技术在其发展历程中随着所处的环境变化而不断向前发展，在现实中得到应用的主要有两类：传统静态模型和动态模型。

第二节　传统静态模型

一、免疫理论

免疫理论由英国精算师 Redington 于 1952 年提出以后，在半个世纪的时间内得到了较大的发展。免疫是建立在久期基础上的模型，所谓的免疫是指通过使资产和负债的久期相等，从而使资产负债的价值免受利率波动的影响。免疫理论的核心思想在于选择的投资策略能够抵抗利率的不利变动，即如果实际利率发生不利于投资活动的变动时，整个投资策略仍然能够在目标时刻点实现预定的价值。

（一）麦考利久期

麦考利久期的概念最早是美国经济学家麦考利（Macaulay）在 1938 年提出的。麦考利久期可以理解为现金流出现时刻的加权平均数。麦考利久期可表述为

$$\mathrm{MacDuration}(i) = \frac{\sum_{t=0}^{n} tv^t Cashflow(t)}{\sum_{t=0}^{n} v^t Cashflow(t)} \tag{2-1}$$

其中，MacDuration 为某一列现金流的麦考利久期，$Cashflow(t)$ 为 t 时刻的现金流，$v = 1/(1+i)$ 为折现因子，i 为贴现利率。

与麦考利久期非常相近的一个概念就是所谓的修正久期，修正久期可以理解为现金流现值对利率微小变化的一阶敏感度。修正久期可表述为

$$\mathrm{ModDuration}(i) = -\frac{d(\mathrm{PV}\ Cashflow(i))/i}{\mathrm{PV}\ Cashflow(i)} = \frac{\sum_{t=0}^{n} tv^t Cashflow(t)}{\sum_{t=0}^{n} v^{t+1} Cashflow(t)}$$

$$\tag{2-2}$$

其中，PV Cashflow (i) 为现金流的现值，ModDuration (i) 为修正久期，修正久期和 Macaulay 久期有如下关系：

$$\mathrm{ModDuration}(i) = \frac{\mathrm{MacDuration}(i)}{1+i} \tag{2-3}$$

（二）凸值

修正久期是利率敏感度的一阶度量，它只能度量利率的微小变化所导致的经济价值的变化。使用修正久期预测现金流现值的改变

时，仅在利率的变化较小的时候才是正确的，若利率变化较大，久期便不能精确地预测现金流现值的变化情况了，这是因为久期本身也随利率的变化而变化，如果要在利率的一个较宽的范围内预测现值的改变时就需要用到凸值的概念。凸值（Convexity）是衡量现金流现值对利率变化的二阶敏感程度。它等于现金流的现值关于 i 的二阶导数除以 PV Cashflow（i），即

$$Convexity(i) = \frac{\sum_{t=0}^{n} t(t+1)v^{t+2}Cashflow(t)}{\sum_{t=0}^{n} v^t Cashflow(t)} \qquad (2-4)$$

修正久期和凸值一起使用可以更精确的计算利率变动对现值的影响：

PV Cashflow(i) 的变动比例 $= -$ ModDuration(i) $\times$ (i 的变化量)

$$+ \frac{1}{2}Convexity(i) \times (i \text{ 的变化量})^2$$

$$(2-5)$$

为了提高匹配的精度，还可以使用更高阶（如三阶和四阶）的匹配。随着更高阶导数被匹配，利率风险被进一步地降低。最后，当足够多阶被匹配后，结果实际上就是现金流匹配。

二、匹配理论

（一）现金流匹配模型

现金流匹配是指选择合适的投资组合，从而使每个时间点上的现金流入等于现金流出，并最小化组合成本。现金流匹配模型可表述为如下的规划问题：

$$\min \sum_j N(j) \cdot P(j)$$

$$\text{s. t. } A(t) \geqslant L(t) \qquad (2-6)$$

$$N(j) \geqslant 0$$

其中，$N(j)$ 为持有第 j 种资产的数额，$P(j)$ 为第 j 种资产的价格，$A(t)$ 为 t 时刻现金流入额，$L(t)$ 为 t 时刻现金流出额。

尽管现金流匹配可以完全规避利率风险，但是这个方法在实际操作中并不具有可行性。原因在于现金流匹配模型假设保险公司未来的现金流出和现金流入在金额和时间上是完全确定不变的，然而，保险公司的资产和负债现金流具有很大的不确定性，因此，现金流匹配非常难于实现。

（二）水平线匹配

水平线匹配是指将最初几年的现金流匹配和整个计划期的久期匹配相结合的一种方法。该匹配方法假设收益率变化出现在短期，试图最小化利率风险，同时尽量增加投资组合管理的灵活性。这种方法的缺点在于收益率期限结构的形状发生变化的风险仍然存在，而且平行运动保护可能被限制在很小的区间内。

三、缺口管理理论

缺口分析是度量利率风险的一种重要工具。缺口分为到期缺口和久期缺口。其中，到期缺口是指考察在一定期限内，利率敏感性资产和利率敏感性负债的绝对差，到期缺口可分为正缺口、负缺口及零缺口。久期缺口被定义为资产负债对利率变动敏感性的差异，如果资产负债的久期相等，意味着没有久期缺口存在，无论未来利率怎样变动，公司的净价值不受利率变动的影响。表2给出了不同的久期缺口策略下，利率水平的变化引起的保险公司盈余变化情况。如果风险管理者不能准确预测未来的利率走势，那么必须采取套期保值策略对利率缺口进行风险规避，进而实现保险公司的资产负债管理。

表2　　　　　　　　　　盈余变化与缺口政策

利率	缺口政策	不匹配方向			盈余变化
上升	正缺口	资产的 D 和 CX	大于	负债的 D 和 CX	盈余减少
上升	负缺口	资产的 D 和 CX	小于	负债的 D 和 CX	盈余增加
下降	正缺口	资产的 D 和 CX	大于	负债的 D 和 CX	盈余增加
下降	负缺口	资产的 D 和 CX	小于	负债的 D 和 CX	盈余减少

保险公司资产负债缺口管理主要步骤如下：

第一步，预测未来利率的走势；

第二步，计算现有资产和负债的久期与凸值；

第三步，调整资产或者负债，使其久期和凸值相匹配。

四、情景分析

情景分析是指分析未来各种经济情景对公司资产、负债、现金流及财务状况产生何种影响。情景分析被广泛应用于保险公司的风险管理中，情景分析的实施主要分为三个步骤。

（一）情景构建

情景构建主要是指定义未来各种可能的资产和负债情景，未来情景既可以由专家主观选择，也可以通过模型使用蒙特卡罗模拟方法生成。久负盛名的纽约州利率情景七假设就是一种典型的情景构建方法，美国保险监管部门要求各保险公司测试以下七种利率情景对公司的资产、负债以及财务状况可能产生的各种影响：

一是原有利率；

二是在前 10 年，利率每年均匀递增 0.5%，然后保持不变；

三是在前 5 年，利率每年均匀递增 1%，随后的 5 年间每年均匀递减 1%，然后保持不变；

四是利率立即提高 3%，然后一直保持不变；

五是利率立即降低 3%，然后一直保持不变；

六是利率在前 5 年每年均匀递减 0.5%，然后保持不变；

七是利率在前 5 年每年均匀递减 1%，在其后的 5 年间每年均匀递增 1%，然后保持不变。

（二）情景风险分析

情景风险分析是指分析七种经济情景对公司资产、负债、现金流以及财务状况所产生的影响。例如，在上述纽约州七假设中，分析利率立即提高 3%，然后保持不变的情景下，公司现金流及财务状况将会发生何种变化。

（三）策略分析

策略分析是指公司采取各种对策以应对未来各种情景产生的不利后果。

情景分析技术简单，可操作性强，被许多国家的监管机构采纳。在我国，《保险公司偿付能力报告编报规则第 11 号：动态偿付能力测试（人寿保险公司）》要求各保险公司进行动态偿付能力测试，即"保险公司在基本情景和各种不利情景下对其未来偿付能力状况的预测和评价"。这里，基本情景是指保险公司考虑未来最有可能发生的情景。而不利情景是指未来有可能发生并且会对偿付能力产生严重不利影响的情景。

五、压力测试

压力测试是情景分析的一种，是指考察某种主观想象的极端市场情况下（如假设利率骤升 200 个基点或股价暴跌 40% 等异常的市场变化）对保险公司的资产、负债、财务状况及偿付能力所产生的各种影响。随着美国金融危机的爆发和不断深化，金融市场的动荡进一步加剧，而随着全球化的各国金融市场的进一步融合，为了确保保险业的偿付能力，维护保单持有人的利益，越来越多国家的保险监管部门要求自己国家的保险公司进行压力测试。例如，英国金融服务管理局（Financial Services Authority，FSA）于 2009 年开始要求英国的保险公司对资本状况进行压力测试，使用的极端假设是股市突然暴跌 20%。而在我国，为了敦促保险公司准备好风险来临时的应对措施，保监会从 2007 年开始要求各保险公司进行权益资产、债券资产及外汇资产的压力测试。

六、对传统静态模型的分析与思考

上述免疫、匹配、缺口管理模型都是基于传统静态的资产负债管理模型，传统静态模型的优点在于易于理解，操作简单、成本低、透明度高、产生计算错误的可能性小。传统静态模型的缺点主要表现在以下几个方面。

第一，只能求解在一个时点上的投资决策，并且不考虑后面的操作对当前决策的影响。保险公司的决策一般具有连续性，当期的投资决策往往受到前期投资决策的影响并且会影响以后的投资决策，而忽略这种影响会使保险公司的整体目标非最优。另外，由于公司的资产负债始终处于持续的变动中，因此，免疫、匹配、缺口需要经过连续的不断调整才能满足要求，这增加了其操作上的难度。

第二，容易忽略经济环境的一些重要的动态特征，从而得出错误的结论，误导管理者的决策。从资产方面来看，资本市场的不断波动给公司资产现金流和资产组合收益率带来极大的不确定性；从负债方面来看，由于死亡率、发病率、退保率等因素的潜在波动性，保险给付和费用支出现金流存在一定的不确定性。总之，这些动态因素都会对静态模型的有效性产生不利影响。

第三，从实务的角度来看，保险公司往往很难真正用到上述资产负债管理策略，主要原因在于：首先，从我国的实际情况来看，银行存款和国债一般为短期，而保险公司的负债则多为长期，资产和负债很难做到真正意义上的匹配和免疫；其次，基于匹配和免疫理论的资产负债管理遵循买入并持有到期（buy and holding）的投资策略，但在实务中，保险公司对其投资组合一般实行积极的管理策略，即通过组合的动态调整来实现公司的财务目标，满足监管要求。

情景分析、压力测试及动态财务分析的优点在于它能够使保险公司了解未来各种情景对公司资产负债和财务状况产生的影响，其缺点在于：

1. 与传统静态模型类似，情景分析、压力测试及动态财务分析也未考虑投资决策的连续一贯性问题。

2. 上述模型中许多重要的决策变量（如每期各种资产的投资比例、养老金的缴费水平、产品的资本要求额度等）都是外生的，这给保险公司的决策带来很大的随机性。公司只能在各种策略给定的情况下，考虑未来可能出现的各种情景对公司资产负债以及财务状况的影响，而模型本身并不能帮助公司作出最优的管理决策。

为了克服上述模型的缺点，学者们建立了动态资产负债管理模型，本章将在第三节对动态资产负债管理模型进行详细的讨论。

第三节　动态模型

动态模型是指保险公司基于不断变化的外部环境和内部战略的调整，而对资产和负债的不确定变化动态地加以衡量和控制的方法，具有多阶段性、随机性和全局性的特点。动态模型主要包括资本增长模型、决策规则模型、随机控制模型、动态财务分析（DFA）模型和随机规划模型。

一、资本增长模型

资本增长模型是指在一系列特定假设下最大化资产长期增长。

Kelly（1956）建议，可以通过最大化资产价值的对数来解决资产长期增长问题。该研究表明，资本增长模型会生成高风险和分散化不足的投资组合，这也是该模型很难在实际中应用的主要原因。Breiman（1961）回答了如何配置资产以使资本增长在长期内最大化。Algoet et al（1988）对 Breiman（1961）的结论在市场弱相关性的假设下进行了研究。他们证实，不管资产收益率的变化服从何种过程，在给定当前信息集的情况下，最大化对数资产收益率是渐进最优的。Maclean et al（1992）考虑了资本增长最大化的同时控制组合风险，研究发现，与短期投资者相比，长期投资者将更大比例的资金投资于股票和债券，主要原因在于股票和债券收益率的长期均值回复使其风险降低。资本增长模型的优点在于其以组合长期内价值最大化为目标；缺陷在于即使在资本价值明显增长的时候，组合也可能存在较大的风险，另外该模型使资金集中于少数几种资产，分散化不够。

二、决策规则模型

决策规则模型是指资产的投资金额受各种驱动因子影响，即

$$x_{j,t} = h(a_{j,t}^s, b_{j,t}^s, \cdots) \qquad (2-7)$$

其中，$a_{j,t}^s, b_{j,t}^s, \cdots\cdots$ 表示驱动因子。典型的决策规则模型有固定比例模型、常数比率组合模型和目标财富路径模型。

（一）固定比例模型

固定比例模型是指投资者在各个时期的各种情景下对各种资产的投资比例保持不变的策略，固定比例模型可表述为

$$e_j = x_{j,t}^s / \sum_j x_{j,t}^s \qquad (2-8)$$

其中，e_j 表示资产 j 在总资产中的持有比例。Mulvey（1996）发现，与买入并持有的策略相比，固定比例模型能够降低组合的风险

水平,同时提高组合的收益率。固定比例模型的主要缺点在于其假设投资者的风险厌恶系数和财富水平不相关。事实上,当财富水平增加时,多数投资者都愿意承受更大的风险。

（二）常数比率模型

常数比率模型首先将资产分为无风险资产和风险资产,其中风险资产占比为

$$e = \min\{D \times (超额资产比率 - F) + \min R, \max R\} \quad (2-9)$$

其中,e 表示风险资产所占比例,D 表示投资者的风险厌恶系数,F 表示可接受的最小财富水平,$\min R$ 表示风险资产的最低水平,$\max R$ 表示风险资产的最高水平。与固定比例模型相比,常数比例模型实行更加积极的投资策略。当市场行情发生改变时,常数比例模型对资产组合的调整会更大一些。

（三）目标财富路径模型

目标财富路径模型主要是通过设计一种投资策略和相应的决策规则来控制真实财富和目标财富之间的关系。

三、随机控制模型

随机控制模型的主要思想是:随机控制理论的目标是解决随机控制系统的分析和综合问题。随机控制不将未来情景离散化,而是将状态空间形成网格（Samuelson,1969）。Brennana et al（1997）使用随机控制模型研究了长期投资组合决策问题,期望资产回报的时间变化由以下三个假设服从马尔科夫过程状态变量驱动:一是短期利率水平;二是长期债券收益率;三是股票组合红利收益率。该过程可以有经验数据估计,投资者的最优控制问题作为参数值的结果得到了数值解。通过与短期战术资产配置（tactical asset allocation）模型相比较后发现,投资者的短期和长期投资策略会存在很大的差

异。随机控制模型的优点在于无需样本情景，缺点在于难于计算置信区间和确定一般化的约束条件。

四、动态财务分析（DFA）模型

动态财务分析（Dynamic Financial Analysis）是保险公司（特别是财产保险公司）资产负债管理经常用到的一种随机模拟方法，它以保险公司经营中确定的主要风险因素为基础，通过对这些风险因素作出定性和定量的分析，在各种可能出现的情景下从公司总体角度分析保险人的财务结果，并展示这些风险因素的变化如何影响保险人的财务结果。动态财务分析能够使管理者充分了解各种不同经营决策下保险公司面临的相关风险，评估可能产生的不利后果，并未雨绸缪，提前作出风险防范措施。动态财务分析产生之初主要用于评估投资战略，后来由于其综合性强，能够反映保险公司面临的多方面风险，也被用来进行公司业绩预测、风险管理及战略决策。

正是由于该方法的这些优势，各国保险公司对动态财务分析方法进行了不遗余力的推广。在美国，美国财产和意外险精算协会（CAS）于 1995 年发布了《动态财务分析手册》，鼓励财产和意外险公司进行动态财务分析。全美保险监督官协会（NAIC）也正在考虑要求寿险公司实施动态财务分析。加拿大精算协会（Canadian Institute of Actuaries）率先提出将动态财务分析应用于保险公司偿付能力监管，发布了寿险公司的动态偿付能力测试指导文件。1992 年的保险公司法要求各保险公司以动态偿付能力测试的结果为基础编制保险公司的财务前景报告。在我国，保监会于 2006 年 12 月 27 日发布了《保险公司偿付能力报告编报规则第 11 号：动态偿付能力测试（人寿保险公司）》，要求人寿保险公司、健康保险公司、养老保险公司每年进行动态偿付能力测试，并在其偿付能力年度报告中披露测试假设和结果。可以预见，在不久的将来，动态分析方法将扩展到非寿险公司，成为我国保险监管的重要工具。

在学术界，Kaufman（2003）使用 DFA 模型分析了在各种不同资产分配情况下保险公司的风险回报特征。该研究证实：通过使用 DFA 模型，保险公司可以在风险不变的情况下提高投资的收益率或在投资组合收益率不变的情况下降低风险水平。Gerstner et al（2008）使用随机模拟方法分析了分红型寿险产品的资产负债管理问题，该研究考虑了分红型寿险产品的几乎所有的产品特征，比如结算利率、退保率、保单贷款等，模拟了保险公司的资产负债随时间发展的各种可能的结果，并且给出了模型的敏感性分析。张登婧（2006）着力探讨了动态财务分析在非寿险公司中的具体应用问题，详细阐述了动态财务分析的应用价值，指出 DFA 可以为保险公司构筑"财务风险预警系统"，提高非寿险公司的偿付能力监管水平。赖志杰（2003）使用动态财务分析模型研究了中国台湾财险公司的资产负债管理中的资产配置和再保险安排问题，模拟了在不同的资产配置和再保险安排下保险公司未来各种可能的财务结果，并给出了不同投资状况和不同再保险安排下的有效前沿。

五、随机规划模型

随机规划模型是指含有随机变量的优化模型。多阶段随机规划模型借助于大规模的多期间规划模型确定未来每个时期的各种状态下的最佳投资组合。随机规划模型对于分析长期风险在财务计划和管理问题中的应用是非常理想的。多阶段随机优化把所有主要的金融决策问题看作统一的整体，通过运用情景树方法生成未来各种不确定要素，为资产负债管理提供了一种动态方法，它整合了投资策略（如资产分配策略）和负债策略（如准备金），为金融机构大批量地处理和分析多种不确定因素的影响提供了可能性。现实世界中非常需要一个综合的方法应用到金融分析和计划中。多期随机规划模型越来越多地受到国外金融学者的关注。

资产负债管理随机规划模型主要包括四个部分：随机情景生成器；历史数据输入（利率、通货膨胀、死亡率变动及各模型参数的假设）；根据资产负债的特征，建立基于各种管理目标的优化模型；模型结果输出，各种利率情景下公司经营业绩输出，决策者可据此选择资产组合。公司可根据经营业绩模拟的输出结果，进一步做偿付能力测试、盈余测试、弹性测试。随机规划建模过程见图2。

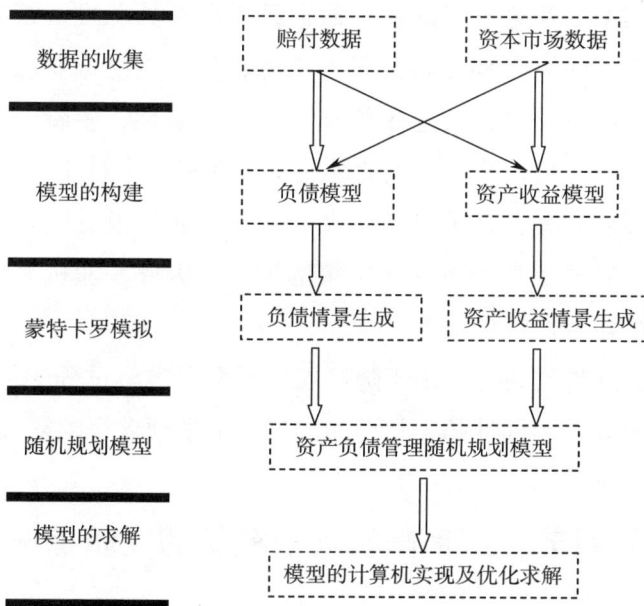

图2 资产负债管理随机规划建模过程

随机规划模型的主要优点在于许多重要的决策变量都是内生的。这也就意味着与情景分析、压力测试及DFA等模型相比，随机规划模型更加复杂。随机模拟（如DFA）是在各种决策给定的情况下对未来各种可能结果的评估，而随机规划的主要目的是优化求解，即在各种约束条件和目标函数给定的情况下，寻找最优的决策方案。随机规划模型有以下三个特点。

第一，不确定性。在资产负债管理中，未来的不确定性来自许多方面。例如，未来保险给付的时间或金额具有不确定性，未来资产的投资收益率具有不确定性，未来的退保率具有不确定性，未来的费用支出具有不确定性，等等。随机规划模型通过构建情景树的方式代表未来的不确定性，使决策者未雨绸缪，提前对未来的可能状态做好充分的准备。

第二，动态性。传统的资产负债管理技术（包括缺口理论、现金流匹配模型以及免疫理论等）通常只考虑了静态投资策略或在各种策略给定条件下考察保险公司未来的各种可能财务状况。但是资产负债未来的不确定性决定了管理决策的动态性，多阶段随机规划模型考虑了资产负债管理决策的动态性。在每一个特定的决策时期，随机规划模型充分考虑了以前的决策（如以前的投资组合决策）和由于市场信息的更新而对这些决策的调整。因此，随机规划模型更适合保险公司资产负债管理。

第三，线性约束性。由于随机规划模型在求解过程中的复杂性，本书的约束条件为线性的，从而大大降低了模型求解的复杂程度。

第四节　应用随机规划模型的文献综述

一、国外研究现状

（一）用于养老金资产负债管理

Kouwenberg（1998）提出了养老基金资产负债管理的随机规划模型。模型以最小化养老金计划参与者的平均贡献率为目标，同时考虑资产价值波动、养老金偿付能力、监管要求及财务赤字的相关风险。风险偏好以财务赤字的二次方形式作为一种惩罚在最后一期反映到模型当中，该模型的目标函数是最小化养老金发起人的平均缴费水平并考虑对可能存在不足的惩罚，决策变量是养老金参与者的缴费水平和每种情景下投资组合的选择。约束条件包括现金流约束、账户平衡约束、贡献率约束、监管约束及投资约束等。Kouwenberg 使用向量自回归模型生成未来的经济情景并构建情景树，最后采用滚动期间模拟估计随机规划模型和情景生成方法的效果。

Dert（1995）提出基于情景树的多阶段随机规划模型用于分析养老金投资策略，模型充分考虑了资产负债现金流随利率、死亡率以及其他经济和非经济因素变化而发生改变的各种可能。与 Kouwenberg（1998）相同，该模型的决策变量为未来各种情景下养老金的投资策略和每期计划参与者的缴费金额。Dert 发现该模型的表现要好于静态的线性规划模型。

Fleten et al（2002）比较了两种不同的养老金资产负债管理策略，一种是投资组合策略可动态调整随机规划模型，另一种是静态的固定比例混和策略。通过比较发现，由于动态调整策略能够根据经济情况和负债现金流的变化不断调整养老金缴费水平和投资组合策略，其投资收益率明显高于固定比例混和策略，而计划参与者的平均缴费水平低于后者。

Drijver（2007）设计出了一个随机规划模型来解决荷兰养老金的资产负债管理问题。该模型的约束条件充分考虑了荷兰特殊的监管要求，模型使用情景树代表未来资产收益和负债流出的不确定性，由于在模型中涉及较多的二元决策变量，为了降低建模难度，节省求解时间，Drijver 使用启发算法找到决策变量的数值解。通过优化求解发现，最优解对情景的生成高度敏感，而结果的不稳定性主要来自于两个方面：一方面，情景树对微小的参数调整非常敏感；另一方面，启发算法本身的不稳定性导致了最优解的不稳定。

Hilli et al（2007）的养老金资产负债管理随机规划模型与 Kouwenberg（1998）的模型非常相似，不同之处在于其充分考虑了芬兰特殊的监管约束，模型以最大化贴现期望效用（discounted expected utility）作为目标函数，使用向量误差模型（VEC）生成存款利率、国债收益率、股票收益率以及不动产收益率等经济情景，最后证实该规划模型确定的投资策略优于传统静态固定比例混合策略（static fixed – mix strategy）。

Dupacova et al（2007）为捷克固定缴费计划养老金设计了一套资产负债管理随机规划模型，该模型能够对市场价值和历史成本进行有效跟踪，以便对初始投资组合构成的最优解的敏感性进行评估。他们证实，不同的养老金合同条款产生不同的最优投资策略。情景生成方法考虑了资产收益率和负债现金流的各种情况，比 Kouwenberg（1998）进步的是，该情景生成方法对情景树的无套利性进行了讨论，并提出了解决资产收益情景树套利问题的方法。模型在实证阶段对最优投资组合进行求解，最后使用敏感性分析方法讨论了在被保险人组合和资本市场条件发生变化的情况下最优资产配置策略的稳定性问题。

Nielsen et al（1994）为趸缴保费递延年金设计了资产负债管理随机规划模型，该模型充分考虑了未来经济环境和负债现金流的不确定性、管理者投资组合的动态调整策略和管理者的风险偏好变化情况，同时允许资产负债现金流随时间变化的匹配。最后，文章在不同的效用函数下对优化模型进行了求解，发现在风险规避条件下所得到的最优组合的风险水平远小于风险中立或风险偏好情况下的最优组合，该模型显示随机规划方法往往会优于传统的资产负债管理方法。

（二）用于银行资产负债管理

Bradley et al（1972）为银行构建了一个多期的债券投资组合管

理模型，该模型用于为银行提供组合管理的相关决策。模型的优化求解程序利用数学规划的分解算法完成。

Kusy et al（1985）为温哥华城市储蓄信用协会开发了一种多周期随机线性规划模型，其中考虑了基本的制度、法律、金融及银行相关政策等方面的因素，同时也考虑了这些方面的不确定性。研究结果表明，该模型在实际操作中优于相应的确定性线性规划模型。与 Bradley et al（1972）的模型比较后发现，该随机规划模型更加适合于解决银行资产负债管理的现实问题，优化结果比 Brad－ley 模型更符合实际。

Oguzsoy et al（1997）为银行的资产负债管理提供了一个带有补偿性的多阶段线性随机规划模型。该模型在确保银行满足各种法律和监管要求以及储户提款要求的前提下，获得良好的收益，并将风险控制在可接受的水平上。另外，该模型还能用于评估由于政策、业务规定、环境等因素发生的变化给银行的财务状况和风险水平带来的影响。因此，该模型既可用于规划业务组合，又可用于分析因素变化的结果。

Rasmussen et al（2006）考虑了银行按揭抵押贷款的一个动态组合决策问题，模型提出了各种可能的选择方案，以反映主体的风险偏好。文章最后得出结论：丹麦现有的按揭抵押贷款组合非常单调，且调整缓慢。文章最后建议，按揭贷款组合需要更加丰富化，并且随时间保持动态调整以反映资本市场的不断变化和隐含内部资金来源渠道的改变。

（三）用于证券和基金公司资产负债管理

Maclean et al（1972）考虑了一个投资组合的多阶段随机规划模型，该模型用于最大化投资组合的长期价值增长。模型在有效控制资本市场的各种下方风险条件下，实现计划期末财富最大化。同时，该模型使用一个几何随机游走模型描述资产价格随时间的变动特征。

模型提出了多种风险测度技术，并且在这些风险测度下给出了实现资本长期最优增长的投资组合策略。

Barro et al（1986）目标函数为计划期末组合价值期望效用函数的动态多阶段随机规划模型，该模型的一个重要特征是带有非线性约束条件，他们通过综合运用最优控制理论及随机规划理论，从而使模型能够让决策者有效地处理投资组合所具有的不确定性和多阶段特征。模型使用离散的情景生成技术处理投资组合收益率在未来的不确定性及动态性特征，最后证实其远远优于传统的静态投资组合模型。

Puelz（1996）为投资组合构建了一个使用下偏方差度量组合风险的随机收敛模型。该模型考虑了资产和负债的各种不确定性特征，实现最优的资产配置并控制相关的风险水平。模型最后证实：当规划阶段较长时，多阶段随机收敛模型优于多阶段随机规划模型。

Zhao et al（2006）开发了一个多期随机规划模型，模型充分考虑了各种资产在买卖过程中可能产生的交易费用和投资组合可能面临的下方风险，能够动态地管理长期投资组合。该模型使用新的风险测度工具，分析了在最坏的情景下，获得的报酬和动态规避风险的策略。实证研究表明，这种带有下方风险控制的模型优于传统静态平均变化模型。

Topaloglou et al（2006）在动态环境下为国际投资组合构建了一个随机规划模型，模型同时考虑了国际投资所面临的市场风险和汇率风险，该模型使用情景生成方法代表未来各国市场资产收益率和汇率的不确定性，在各个情景树节点上，最优组合策略和最优汇率风险对冲策略同时确定。该模型发现以下三个方面，第一，多阶段模型产生的投资收益高于单阶段模型，而风险小于后者；第二，对冲策略能够有效地降低组合所面临的汇率风险，最优的对冲策略应该根据相应的市场机会和汇率风险水平确定，而不应受制于国际组合资产过去或将来可能的持有水平；第三，从组合动态表现上看，多阶段模型强于单阶段模型，不受约束的对冲策略模型优于受到国际资本约束的对冲策略模型。

（四）用于保险公司资产负债管理

在保险公司方面，Carino et al（1994）为日本安田海上火灾保险公司（Yasuda Fire and Marine Insurance Company）开发了一种使用多阶段随机规划方法建立的资产负债管理模型，并成功地应用到公司的实际运作中，根据 Carino et al（1994）所披露的信息，该模型使公司在1991—1992年获得了87亿日元的额外收入。模型的目标函数为计划期末公司在实现盈余期望的同时将可能的短缺作为一个惩罚考虑到模型的目标函数当中，模型的约束条件有账户约束、现金流约束、监管约束、偿付能力约束等，其中现金流量约束保证在每个时间点现金的流入都能够弥补现金的流出；存货方程表明期初对某种资产的投资额等于调整买卖行为后的前一个时期末的投资额；监管约束主要反映监管机构保险公司对偿付能力的要求；投资约束考虑到监管机构对产品可投资资产的种类和比例的限制。该模型充分考虑了日本保险法及相关管理所规定的各种复杂制度，其主要目的是在不牺牲公司长期财富增长条件下实现理想的投资收益率，从而满足公司对储蓄型保单中的利息支付要求。Carino et al（1994）还对模型的表达、建模过程的一些技术细节及帮助公司资产配置的一些管理影响多阶段随机规划模型的求解技术进行了讨论。

Consiglioet al（2006）为保险公司分红型产品设计了基于固定比例的决策规则模型，该模型的目标函数为期望效用函数，即最大化整个计划期的产品收益率期望效用，约束条件包括监管约束、资产负债现金流平衡约束等。该模型考虑了未来账户可能产生资金不足，模型采用 Bootstrap 方法生成未来经济情景，非线性约束可以转换为线性约束，从而使模型在线性规划的框架内求解。文章最后对模型进行了各种敏感性分析，得到了在各种参数发生改变情况下的最优投资策略。该模型有三个方面的缺陷：第一，投资策略在期初确定并在整个计划期保持不变，投资策略未能对资本市场的瞬息万变作出及时的调整；第二，情景生成方法过于简单，Bootstrap 方法假设过去收益率能够完全代表未来收益率的情况，但是过去并不能完全代表未来，因此，需要对资产收益率建立更加精确的模型；第三，模型将保险给付等同为保单的现金价值，缺乏对负债现金流和负债价值评估的考虑。

二、国内相关研究

国内将随机规划模型用于资产负债管理的研究主要是在借鉴国外模型的基础上，结合中国的特殊情况进行应用。

陈军（2007）使用 Kouwenberg（1998）随机规划模型研究我国养老金的资产负债管理。该模型使用向量自回归模型生成未来的经济情景并构建情景树，使用精算学的理论和方法，估算了我国未来养老金负债支出额度，在此基础上对模型进行优化求解，最后给出了我国养老金管理的最优投资策略及养老金参与者的缴费水平。

金秀（2006）从我国金融机构的实际情况出发，在充分考虑了其面临的投资及监管环境条件下，使用多阶段随机规划模型对养老金、银行以及基金公司的资产负债管理问题进行了深入的研究，在借鉴国外文献的基础上对相应的目标函数和约束条件进行了调整和改进。模型使用向量自回归方法生成未来的情景。该文章的缺陷在于：首先，使用随机抽样方法构建情景树，从而使模型的优化结构非常不稳定；其次，模型并未考虑情景树上可能存在的套利机会。

边念怡（2007）根据我国养老保险金的基本特征，运用多阶段随机规划，建立养老金资产负债管理多阶段均值——CVaR 优化模型。该模型使用条件风险价值（CVaR）反映组合面临的风险状况。

除此之外，模型还考虑了资产买卖中可能产生的交易成本以及法律法规对养老基金资金运用的各种限制。模型假设养老金参与者的缴费、养老金的给付及各种金融资产组合的调整发生在各种给定的离散时间点上。该模型的缺陷在于未考虑养老金的负债现金流和负债特征，因此，不同于 Kouwenberg（1998），规划模型并不能求出参与者的缴费水平，而只能求解得到养老基金初始资产配置策略，即在未来各个离散时间点上的调整策略。

吉小东等（2005）建立了中国养老金动态资产负债管理的随机规划模型。在分析通货膨胀率、工资增长率、折现率及缴费率的波动对养老金的影响的基础上，构建了资产收益率情景及养老金负债情景，模型的优化结果为各个离散时间点上的投资组合策略。最后，他们为解决目前我国养老保险体制面临的困境及拓宽养老金融资渠道提出了若干政策建议。

史鹏等（2005）将静态的均值——方差模型用于既定给付的养老金资产负债管理问题中，在允许无风险借贷的条件下研究养老金在无风险资产和风险资产间的分配问题，求出了投资组合的一般形式，在特征参数未知的情况下，与一般形式进行对比，提出了矩估计和贝叶斯两种方法求解最优资产配置比例，又针对投资收益将两种方法结合，分析了影响最优投资组合的因素。

谢远涛等（2008）为养老金构建的资产负债管理随机规划模型以最小化参与者的平均缴费水平为目标，约束条件考虑了养老金可能面临的资金约束、账户约束、偿付能力约束等约束条件。他们构建的随机规划模型有显式解，并且分析了显式解的特点，利用该模型能够对养老金投资组合进行不断调整从而实现资产配置的长期均衡。模型对投资组合收益率单独建模，抛弃了有限空间的假设，从而大大降低了模型的求解速度。

三、对上述研究的评述和思考

已有文献主要表现出以下特点：

第一，现有随机规划模型文献大都集中于养老金计划、银行和证券基金公司的资产负债管理方面，对保险公司（特别是寿险公司）资产负债管理随机规划模型的研究还很少。尽管 Cario et al（1994）和 Consiglio et al（2006）的研究取得了一些成果，然而，Cario et al 的随机规划模型主要用于研究财险公司的资产负债管理问题，并且考虑到日本特殊的监管环境，其模型无法直接用于我国保险公司；Consiglio et al 使用决策规则模型研究了分红型产品的资产负债管理问题，然而其缺陷在于：投资策略在期初确定并在整个计划期保持不变，投资策略未能对资本市场的瞬息万变作出及时的调整；情景生成方法过于简单，Bootstrap 方法假设过去收益率能够完全代表未来收益率情况，但是过去并不能完全代表未来，因此，需要对资产收益率建立更加精确的模型；模型将保险给付等同为保单的现金价值，缺乏对负债现金流和负债价值评估的考虑。

第二，现有模型大都集中于对理论模型的构建，在实务中缺乏可操作性，进而影响了模型的实用性。缺乏实用性的主要原因在于：首先，模型的假设过多，且有些假设与现实严重不符，比如直接应用于实际操作会带来严重的模型风险；其次，模型往往对现实问题考虑的不全面，仅是现实问题的简化。

第三，现有的随机规划模型都是以公司整体为基础，未能根据不同的产品特征设计不同的资产负债管理随机规划模型。例如，Cario et al（1994）仅在保险公司层面上构建随机规划模型，并未考虑到各种保险产品在期限、投资限制、监管约束等方面存在的差异。Kouwenberg（1998）、Dert（1995）及 Drijver（2007）为养老金构建的模型也未考虑各种养老金在给付、缴费等方面存在的差异。Oguzsoy et al（1997）、Bradley et al（1972）及 Kusy et al（1985）为银行资产负债管理构建的随机规划模型同样未考虑各种资金在来源、期限、流动性等方面存在的差异。

基于对上述研究的综合分析，本书认为，有必要以我国保险公司新型寿险产品为对象，基于我国特有的投资和监管环境，构建随机规划模型，研究其资产负债管理问题。这样，必将进一步丰富该领域的研究和应用。分产品构建随机规划模型能够充分体现不同产品的内部特征、监管机构的不同要求、投资渠道的差异。模型由目标函数和约束条件组成，本书选择的目标函数为计划期末产品投资收益率期望效用函数，效用函数为二次效用函数。约束条件考虑了各种账户平衡约束、存货平衡约束、监管约束、最低保证利率约束、红利分配约束和投资比例约束等。其中，现金流账户平衡约束表明资产的现金流入必须等于现金流出；存货方程表明，期初对某种资产的持有额等于上期持有额累积到本期减去本期的卖出额再加上本期的买入额，最低利率约束保证投资组合的收益率高于保证利率水平；红利分配约束保证保险公司的红利符合合同规定；监管约束保证该产品能够满足监管机构对偿付能力的要求；投资比例约束保证某种资产的投资比例不超过资产总额的一定比例。分产品建模还能够使管理者及时了解各个产品的收益状况，帮助其作出合理的决策，具有可操作性，适应保险公司积极主动进行资产负债管理的现实状况，能够较好地用于资产负债管理的实践中。

第三章　新型寿险资产负债
管理随机规划模型

本章第一节首先详述了基于随机规划模型的保险公司资产负债管理决策过程，随后介绍了随机规划模型的各种类型，探讨了情景树的生成及随机规划模型中随机因素的选择问题。第二节为各种新型寿险产品构建了符合我国特殊投资和监管环境的资产负债管理多阶段随机规划模型。

第一节　随机规划模型

一、资产负债管理随机规划模型的决策过程

1977 年诺贝尔经济学奖得主西蒙对管理曾经有一个非常经典的定义，他说"管理就是决策"。那么，在资产负债管理随机规划模型中，到底需要作出哪些决策呢？首先需要决策的是模型的计划期，计划期长度一般取决于公司的财务规划长度，在计划期长度确定后，接下来要考虑的是计划期内的周期长度，既可以是一年（Kouwenberg，1998），也可以是一个月（Wilkie，1986）或其他长度，但一般来说各周期的长度应该相等。计划期的数量将会影响到模型的求解时间，计划期越多，求解的时间越长。多阶段随机规划模型的计划期一般为 3～5 期。为了缩短优化时间，本书选择的计划期为两

期，当然，可以非常容易地将其扩展到更多期。

在每个计划期内，保险公司收取保费、支出各种保险给付和费用，同时作出各种管理决策。其中最重要的决策之一就是对各种资产配置的调整，资产如何配置是整个资产负债管理随机规划模型的重要决策变量，资产配置取决于各种资产在未来各种情景下的投资收益率实现值，并受到各种保险给付和监管条件的约束。随着保险业竞争的不断加剧，保险公司的承保利润在不断下降，有时甚至为负，在这种大环境下，各保险公司更多地依靠提高投资收益率来弥补定价的不足，实现一定的利润。有研究表明，对于资产规模庞大的公司，投资收益率每增加 1 个百分点，利润将会增加 25%，因此，投资策略在保险公司的风险管理中越来越重要。当然，本书并不是研究如何构建收益最大的寿险公司资产组合，而是研究如何在满足寿险公司各种负债给付和监管约束条件下配置寿险公司的资金，使产品收益率期望效用最大化。

随机规划模型的另一个重要决策变量是资本配置（Capital allocation），即将一定的资本分配到某产品或产品线中去，资本配置构成保险公司对该产品或产品线的初始投资。资本分配过低，该产品线在未来可能失去偿付能力；资本分配过高，保险公司则可能丧失开发更适应市场需求或更具有竞争力的产品的机会。因此，到底给某个产品投入多少初始资本，是保险公司非常关注的问题。本书通过随机规划模型求解得出最优的资本配置额度，以使该产品收益率的期望效用最大化并满足相关的约束条件。资本在期初进行配置，其数额一般基于保险公司收取的保费和面临的风险状况。从公司层面上讲，其自有资本与业务规模（可以用当年收取的保费来衡量）之比应维持在一个比较合理的水平上，如果业务规模扩展过快，而公司又没有进行及时的注资，那么很可能会导致公司陷入偿付能力不足并最终破产，20 世纪六七十年代英国通用保险公司的破产就是很好的例子。

需要注意的是，风险管理者关心的往往是第一个阶段的各种决策，随着第一个阶段各种决策的实施，在第一个阶段开始时不确定的信息在第二个阶段开始变为确定信息，在这种情况下，可以利用第一个阶段的各种新信息对模型的各种参数进行重新估计，构建新的情景树，并在此基础上对模型进行优化求解。本书将这种方法称为滚动时域方法（rolling horizon approach）。

二、随机规划模型的分类与求解

随机规划模型是指带有随机变量的规划问题。Kouwenberg（2001）将随机规划模型主要分为预期性模型、适应性模型及补偿性模型。

（一）预期性模型

预期性模型是指在作出决策时不知道随机变量的任何观测值。考虑一个决策（用向量 x 表示）必须在不确定性的条件下作出，其中不确定性因素由随机向量 ω 代表，决策的作出不取决于未来的观测值，当然，理智的决策需要考虑随机向量未来的实现值及其概率。模型的目标函数可以选择多种形式，广泛使用的是期望值模型，即在一定的约束条件下，使得期望收益达到最大或期望损失达到最小。例如，Carino et al（1994）的目标函数为计划期内公司价值的期望值最大，同时对可能的不足进行惩罚，Kouwenberg（1998）的目标函数为最小化养老金参与者的平均缴费率。约束条件可以是严格约束，也可以是机会约束（Charnes 和 Cooper，1959）。所谓机会约束是在一定的概率意义下达到最优。首先定义概率空间 (Ω, F, P)，其中，Ω 是状态空间，F 是事件 σ 域，P 为 (Ω, F, P) 的概率测度，随机变量 ω 是一个从 Ω 映射到另一个集合（通常是实数域 R）的函数，对于一定的置信水平 α（$0 < \alpha < 1$），机会约束可以表示为

$$P\{\omega \mid f_j(x,\omega) = 0, j = 1,2,\cdots n\} \geqslant \alpha \qquad (3-1)$$

其中，x 代表模型的 m 维决策变量，$f_j : R^m \times \Omega \to R, j = 1,2,\cdots n$，$j$ 代表第 j 个机会约束条件。在预期性模型下，所有决策变量期初确定并在以后不进行调整。

（二）适应性模型

适应性模型是指在作出决策时，决策者已经知道了随机变量的部分观测值，优化程序在不断学习的环境下进行。需要注意的是，观察值只提供关于未来不确定性的部分信息，如果可以观察到全部的随机变量，那么问题就会变为确定性的数学规划问题；如果在做决策时所有的决策变量都不可观察，那么问题将会变成适应性模型。

令 $\mathscr{A}$ 为通过观察可以得到的信息集，$\mathscr{A}$ 是由随机变量 ω 的状态空间 σ – 域构成的一个子域。决策变量 x 的取值取决于可观察到的随机变量，x 就被称为 $\mathscr{A}$ – 适应的或 $\mathscr{A}$ – 可测的。运用 $\mathscr{A}$ 的条件期望 $E[\cdot \mid A]$，适应性随机规划模型可写为

$$\min E[f_0(x(\omega),\omega) \mid \mathbf{A}]$$

$$s.t.$$

$$E[f_j(x(\omega),\omega) \mid A] = 0, j = 1,2,\cdots n \qquad (3-2)$$

$$x(\omega) \in X$$

映射 $x : \Omega \to X \subset R$ 满足 $\mathscr{A}$ – 可测性，X 代表所有可行集。上述问题可以对每一个 ω 求解以下确定性问题得到：

$$\min E[f_0(x) \mid \mathbf{A}](\omega)$$

$$s.t.$$

$$E[f_j(x) \mid \mathbf{A}](\omega) = 0, j = 1,2,\cdots n \qquad (3-3)$$

$$x(\omega) \in X$$

（三）补偿性模型

补偿性模型充分结合了适应性模型和预期性模型的特点，这个

模型确定的决策不但考虑了不确定性的未来观察值，而且考虑了已经得到的关于不确定性的信息，模型决策变量通过求偿进行调整。例如，基金经理在构建投资组合时不仅要考虑未来股票的价格变动情况（预期性），还要考虑投资组合由于股价变动所进行的再平衡。

本书采用带有补偿性的随机规划模型。初始时刻，随机变量的观察是不可得的，本书只能对其进行预测，作出的决策是预期性的；在第二个阶段，可以获得随机变量的部分实现值，在此基础上，对模型的决策变量进行适应性调整（如对投资组合进行再平衡）。

（四）随机规划模型的求解

随机规划模型的求解方法大致可分为以下两种。

第一种是转化法，即将随机规划转化成各种确定性等价优化模型，然后利用确定性规划的求解方法求解。

第二种是逼近法，利用随机模拟技术，通过一定的计算机程序算法，得到随机规划问题的近似逼近最优解和目标函数的近似最优值。

本书使用第二种方法，首先对模型涉及的随机变量进行建模，并使用历史数据对模型的相关参数进行估计，然后通过模型用蒙特卡罗模拟出随机变量的未来情景，用这些情景代表随机变量的未来实现值。通过这种方法可以将随机规划模型转变为确定性数学规划问题，最后对模型进行优化求解。

三、情景的生成及情景树的构建

在不确定的条件下构建决策模型时，使用一系列随机变量来代表未来的不确定性。多阶段随机规划模型建立在未来资产收益率和赔付支出等因素不确定的基础上，而这种不确定性是通过有限的若干个情景体现在优化模型中的，一个情景代表未来的一种可能状态，它由一系列的随机变量构成，这些随机变量贯穿整个计划期，并且满足各种约束条件。情景生成的根本目的是通过构建很多情景来合理地代表未来各种可能的结果。在多阶段随机规划模型中，每个时期都从旧的情景分支中生成新的情景分支，这样多个时期多种情景分支便构成未来的情景树。情景生成是随机规划模型的输入变量，在随机规划模型中扮演着重要的角色，低质量的情景生成技术将会大大降低模型的有效性。

令随机变量 ω_t^s 代表 t 期在情景 s 条件下的实现值（ω_t^s 是随机向量），各个时期，各种情景下随机变量的实现值可由随机向量矩阵 $(\omega_1^1, \cdots \omega_T^s), s \in \{1, 2, \cdots S\}$ 表示，情景 s 发生的概率用 p^s 表示，其中 $p^s \geq 0$，且 $\sum_1^s p^s = 1$，这样，未来各种随机参数通过情景树的方式体现在模型中。

图 3 - 1 是一个二阶段情景树，其中 $T = 2, S = 6$。从 $t = 0$ 到 $t = T$ 的每一条路径都代表一种情景，每个时期的任一节点都代表一种状态，每种状态反映了该节点上各种随机变量的一组实现值，$t = 0$ 时刻的状态被称为初始状态，在该状态下，各种变量是已知的。在初始状态给定的条件下，在 $t = 1$ 会有许多可能状态，每种状态都形成一个分支（Branch），哪一种状态会发生只有在 $t = 1$ 时刻才会知道。同理，在 $t = 1$ 时刻也会形成代表 $t = 2$ 时刻各种可能状态的分支，以此类推，形成一个情景树。用 $Branch_t, t = 0, 1, \cdots T - 1$ 代表 t 时刻到 $t + 1$ 时刻的分支数，则总的情景个数 S 为

$$S = \prod_{t=0}^{t=T} Branch_t$$

现在，讨论在给定情景树的情况下，如何确定情景个数。使用 $(i_0, i_1, \cdots i_{T-1}), i_t \in \{1, \cdots branch_t\}$ 代表各个时期的分支结构。情景树上的各种情景可以通过上述分支结构形式表示见表 3 - 1。

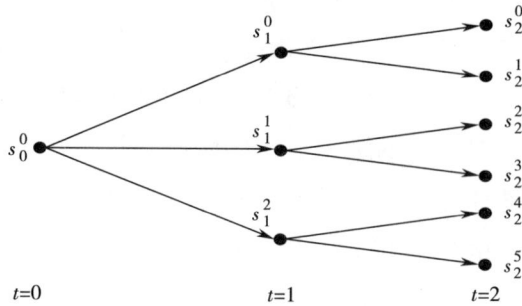

图 3-1 二阶段情景树

表 3-1　　　　　　　　　情景和情景分支结构的关系

情景	情景分支标记 $(i_0, \cdots i_{T-1})$
1	$(1,1,\cdots 1)$
2	$(1,1,\cdots 2)$
⋮	⋮
$Branch_{T-1}$	$(1,1,\cdots Branch_{T-1})$
$Branch_{T-1}+1$	$(1,1,\cdots 2,1)$
⋮	⋮
$S-1$	$(Branch_0, Branch_1, \cdots Branch_{T-2}, Branch_{T-1}-1)$
S	$(Branch_0, Branch_1, \cdots Branch_{T-2}, Branch_{T-1})$

图 3-1 的情景树代表的各种情景可以使用表 3-2 来表示。

表 3-2　　　　　　　　　情景和情景分支结构的关系

情景	情景分支标记 $(i_0, \cdots i_{T-1})$
1	$(1,1)$
2	$(1,2)$
3	$(2,1)$
4	$(2,2)$
5	$(3,1)$
6	$(3,2)$

接下来，讨论如何描述 t 时刻的各种状态，在 t 时刻，情景 s 的节点是唯一确定的，用 (t,s)，$t \in \{1,2,\cdots T\}$，$s \in \{1,2,\cdots S\}$ 来表示，

但是在 t 时刻，如果所有节点上都需要估计或计算某个变量值时，上述的表示法虽然较为详尽，但有时是没有必要的，为了避免问题复杂化，只需考虑不同时期的不同节点即可。上例中，两个情景有相同的路径，因此，在 t 时刻它们有相同的节点。因此，在 t 时刻存在 $\prod_{q=0}^{t-1} Branch_q$ 个不同节点，不同的节点在未来有不同的路径结构。使用集合 $S_t, t = 0, 1, \cdots T$ 代表 t 时刻的节点集。

$$S_t = \{s \in S : s' \in S', s' < s \Rightarrow (t, s') \neq (t, s)\}$$

例如，$S_0 = 0, S_T = S, |S_t| = \prod_{q=0}^{t-1} Branch_q$ ，在每一个节点 $(t, s) \in S_t$ 上，存在 Ξ_t 种不同的未来状态

$$\Xi_t = \frac{S}{\prod_{q=0}^{t-1} Branch_q} = \prod_{q=t}^{T-1} branch_q$$

例如，$\Xi_0 = S, \Xi_T = 1$ ，Ξ_t 表示在 t 时刻通过任一节点的未来路径个数。通过节点 (t, s) 的未来路径可以表述为 Υ_t^s ，$|\Upsilon_t^s| = \Xi_t$ 。

一般来说，在 $q \in \{t + 1, \cdots T\}$ 时刻通过的节点 (t, s) 的任一路经可表述为

$$\{(q, s') : s' \in \Upsilon_t^s(q)\}$$

其中，$\Upsilon_t^s(q) = \Upsilon_t^s \cap S_q$ ，事实上，当 $q = T$ 时，$\Upsilon_t^s(T) = \Upsilon_t^s$ 。

四、随机因素的选择

在现实的资产负债管理决策中，绝大多数变量都具有随机性。例如，保险公司投资资产未来的收益率、保单未来的赔付额、未来的费用支出、未来的退保支出、准备金价值等，理想的情况是公司管理者在决策时将上述不确定性因素都考虑到模型当中去，然而，过多的随机变量会大大提高随机规划模型的复杂程度，进而使求解变得异常困难。因此，在建立资产负债管理随机规划模型时，只能选择对决策有重要影响的因素作为随机因素，其他对结果影响较小

或那些影响虽大但无法建模的因素，只能将其视作确定性因素。

通常，在保险公司资产负债管理问题中出现的随机因素主要来自两个方面。一方面是各类资产收益率，这是对资产负债管理产生最主要影响的随机因素，资产收益率的波动对保险公司的经营业绩有至关重要的影响。有经验表明，投资收益率每下降或上升1个百分点，保险公司的利润将会下降或上升25%。另外，资产收益率的波动具有难以预测性，学者通过各种理论和模型来描述资产收益率的波动特征，本书将在第四章使用向量自回归模型和 Copula - GARCH 模型为资产组合收益率建模，并使用上述模型模拟资产组合未来收益率，构建资产收益率情景树。另一方面来自负债方面，如未来赔付的不确定性、退保给付的不确定性、费用支出的不确定性、准备金评估误差等因素，本书在第五章对负债现金流方面的不确定性及负债价值评估问题进行详细的讨论。

五、随机规划模型解决资产负债管理问题的优势

与传统模型相比，随机规划模型在解决保险公司资产负债管理问题时有以下几点优势：

第一，随机规划模型能够通过一个动态的决策过程不断调整投资组合，改变资本投入额度，以适应资本市场的瞬息万变及保险支出的各种变化，从而有效地克服传统静态模型缺乏适应性与动态性的缺陷。

第二，与传统以久期为基础的资产负债管理只重视利率风险不同，随机规划模型可以同时考虑市场风险、定价风险、汇率风险等风险因素。因此，该模型充分体现了整体风险管理（ERM）的理念。同时，模型能把实际决策制定中的因素包括进来，包括成长和预算的需要，与投资者相关的法律、政策以及机构，充分考虑了资金约束、监管约束和现金流约束等约束条件。

第三，该随机规划模型以产品线收益率期望效用为目标函数，充分体现了风险管理者以价值为驱动的风险管理理念。同时，该模型能够充分考虑不同的决策者对风险持有的不同态度。投资者能很好地确定应用于多年期的偏好结构。

第四，本书使用情景树代表未来的各种不确定性，能够充分考虑未来的各种可能状况，特别是不利状况，从而使管理者未雨绸缪，提前对各种可能的风险进行有效防范和控制，降低了未来不利状况对公司财务目标的冲击。

第五，随机规划模型具有决策的一贯性，有利于在计划期内保持统一的行动策略。资本市场具有易变性，市场的短期波动往往影响了资产负债管理者的投资决策，随机规划模型充分考虑了未来多个阶段，从而有效地避免了市场短期波动影响长期管理决策的问题。

第六，分产品构建随机规划模型能够充分体现不同产品的内部特征、监管机构的不同要求、投资渠道的差异等。另外，分产品建模还能够帮助管理者及时了解各个产品的收益状况，帮助其作出合理的决策。

第二节　新型寿险产品资产负债管理随机规划模型的构建

本书的资产负债管理随机规划模型可以被理解为在考虑到保险公司未来保险给付、费用支出及各种监管约束条件后的多阶段投资组合模型。模型由目标函数和约束条件组成，本书选择的目标函数为计划期末产品投资收益率期望效用函数，约束条件包括现金流约束、各种账户平衡约束、监管约束、产品内在特征约束等。在计划期内的每个离散时间点，各种可能的状态下，资产负债管理者根据前期所获得的各种信息（包括资本市场信息和负债信息）及对未来资本市场状况和未来各种负债支出的预测，作出各种决策（包括对投资组合如何进行调整、决定适当的初始资本额度、决定未来各种状态下的资本注入额度等）。总之，随机规划模型描述了保险公司支持负债的资产组合随时间的动态调整过程，各种管理决策在每期期初作出，保险给付和费用支出在期末发生，未来的不确定性通过情景树的方式体现出来。随机规划模型主要由变量定义、目标函数选择和约束条件构建三个部分组成。

一、变量定义

把一组情景 $s \in \{1, \cdots S\}$ 转换成情景树的节点 $n \in \{1, \cdots N_t\}$，N_t 代表 t 时刻树的节点数，$n \in \{1, N_t\}$ 是一系列节点中的一个特别节点，$\hat{n}$ 是节点 n 在时刻 $t-1$ 的前续节点。随机规划模型的变量定义如下：

（一）决策变量

X_i 代表资产 i 的初始投资额。

X_{itn}^h 代表第 t 期初在节点 n 上资产 i 的持有金额。

X_{itn}^b 代表第 t 期在节点 n 上购买的资产 i 的金额。

X_{itn}^s 代表第 t 期在节点 n 上出售的资产 i 的金额。

A_{tn} 代表第 t 期在节点 n 上资产的总价值。

C 代表初始资本投入。

Div_{tn} 代表在 t 期末在节点 n 上的红利支出额。

$profit_{tn}$ 代表第 t 期在节点 n 上的利润。

E_{tn} 代表第 t 期在节点 n 上实际偿付能力额度。

（二）随机变量

r_{itn} 代表第 t 期在节点 n 上资产 i 的投资收益率。

$DBpayment_{tn}$ 代表第 t 期在节点 n 上的保险给付。

$premiun_{tn}$ 代表第 t 期初在节点 n 上的保费收入。

f_{tn} 代表第 t 期初在节点 n 上的费用支出。

L_{tn} 代表第 t 年末在节点 n 上的准备金的评估价值。

S_{tn} 代表第 t 年末在节点 n 上的退保支出。

MR_{tn} 代表第 t 年末在节点 n 上的最低偿付能力资本要求。

RB_{tn} 第 t 年末在节点 n 上的风险保额。

（三）确定性参数

ρ 代表最低保证利率水平；η 代表红利分配比例；l_i 代表资产 i 在组合中的最低持有比例；u_i 代表资产 i 在组合中的最高持有比例；δ 代表利润占总资产的比例。

二、目标函数选择

随机规划模型目标函数的选择可以采用多种方式，Dert（1995）、Kouwenberg（1998）等为养老金设计资产负债管理随机规划模型时采用目标函数为最小化期望养老基金成本，即平均缴费率之和最小，同时也考虑了养老基金的风险厌恶和计划期末的基金状况。Kouwenberg（1998）模型的目标函数为

$$\min \sum_{t=0}^{T-1} \left(\sum_{n=1}^{N_t} \frac{cr_{tn}}{N_t} \right) + \lambda \sum_{t=0}^{T-1} \left[\sum_{n=1}^{N_t} \frac{1}{N_t} \left(\frac{Z_{tn}}{L_{tn}} \right)^2 \right] + \sum_{n=1}^{N_t} \frac{1}{N_t} cr_n^{end} \quad (3-4)$$

其中，$\sum_{t=0}^{T-1} \left(\sum_{n=1}^{N_t} \frac{cr_{tn}}{N_t} \right)$ 代表计划期平均缴费率之和，$\lambda \sum_{t=0}^{T-1} \left[\sum_{n=1}^{N_t} \frac{1}{N_t} \left(\frac{Z_{tn}}{L_{tn}} \right)^2 \right]$ 表示用计划期赤字对负债比率的二次项来构造对风险的厌恶，$\sum_{n=1}^{N_t} \frac{1}{N_t} cr_n^{end}$ 代表计划期末平均缴费率。

Carino et al（1994）为日本一家财险公司设计的资产负债管理的

随机规划模型，模型的目标函数为计划期末的财富期望函数，同时对可能的短缺进行惩罚，约束条件包括可能的账户约束、现金流约束、监管约束等。该模型的目标函数可表述为

$$\max\left[V_t - \sum_{t=1}^{T} c_t(\omega_t)\right] \qquad (3-5)$$

其中，V_t 代表 t 时刻保险公司净资产的市场价值，$c_t(\cdot)$ 为分阶段凸成本函数。$\sum_{t=1}^{T} c_t(\omega_t)$ 代表对可能出现亏空的一种惩罚。

Binsbergen et al（2007）为养老金设计的资产负债管理模型采用目标函数为计划期末资产负债比期望效用最大化，同时对可能出现的不足进行惩罚，即

$$\max E_0\left[u(S_T) - \lambda \sum_{t=1}^{T} \beta^t c_t\right] \qquad (3-6)$$

其中，S_T 为计划期末的资产负债比，$u(\cdot)$ 代表效用函数，β 代表贴现因子，$\sum_{t=1}^{T} \beta^t c_t$ 代表对可能不足的惩罚，λ 代表风险规避因子。

Jules et al（2007）将计划期末财富的期望效用最大化作为模型的目标函数，所有金融资产的评估都采用盯市的方法，而最终投资组合策略的选择取决于未来的各种情景。该模型目标函数的数学表达式为

$$\max \sum_{l \in L} p^l u(\omega^l) \qquad (3-7)$$

其中，p^l 是情景 l 出现的概率，ω^l 是在情景 l 出现时的财富值，$u(\cdot)$ 代表效用函数。

Consiglio et al（2001）使用期望效用最大化作为目标函数，该规划模型目标函数的数学表达式为

$$\max \sum_{l \in \Omega} p^l \times U\left\{\frac{A_T^l - L_T^l}{C}\right\} \qquad (3-8)$$

其中，$A_T^l - L_T^l$ 代表第 l 种情景下的股东回报，$U(\cdot)$ 代表决策者的效用

函数，p^l 是情景 l 出现的概率，$\dfrac{A_T^l - L_T^l}{C}$ 是在情景 l 出现时的该产品的投资收益率。

对于分红型寿险产品，本书借鉴 Consiglio et al 的思想，模型的目标函数为计划期末产品投资收益率期望效用函数，数学表达式为

$$\max \sum_{l \in \Omega} p^l \times U\left\{\frac{profit_T^l}{C}\right\} \tag{3-9}$$

其中，$profit_T^l$ 代表第 l 种情景下该产品在计划期末的利润，C 代表初始的资本投入，p^l 是情景 l 出现的概率，$U(\cdot)$ 代表决策者的效用函数。

对于投连险和万能险来说，一般在实务中的做法是，保险公司每年从其管理的账户资产余额中按照一定比例提取一笔利差作为自己的利润，这样，投资账户的累计价值越高，保险公司获得的利润也会越多，本书选择账户资金价值的一定比例作为利润。则目标函数的数学表达式变为

$$\max \sum_{l \in \Omega} p^l \times U\left\{\frac{\delta \times A_T^l}{C}\right\} \tag{3-10}$$

其中，$\delta \times A_T^l$ 代表第 l 种情景下的该产品在计划期末的利润，C 代表产品初始的资本投入，p^l 是情景 l 出现的概率，$U(\cdot)$ 代表决策者的效用函数。

效用函数反映了风险主体的风险态度，可大体分为三种：风险规避型、风险中立型及风险偏好型，图 3-2 给出了三种类型的风险偏好，其中横坐标代表财富或收入水平，纵坐标代表与之相对应的效用大小。

常用的几种效用函数有以下几种形式：

指数效用函数：$u(w) = -e^{-aw}$

幂次效用函数：$u(w) = \dfrac{1}{a} w^a$

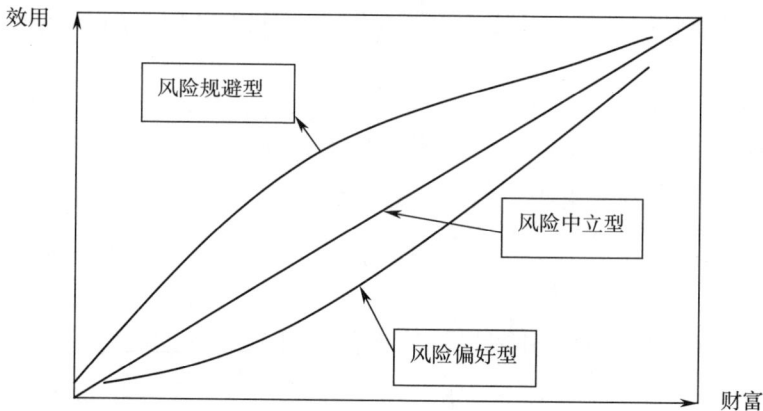

图 3 - 2   风险偏好类型

对数效用函数：$u(w) = \log(w)$

二次效用函数：$u(w) = (1 - \tau)w - \tau\left[w - E(w)\right]^2$

线性效用函数：$u(w) = w$

本书选择的效用函数为二次效用函数，选用二次效用函数的优势在于：首先，二次效用函数的前半部分代表计划期末产品收益率的期望值，可理解为收益项，后半部分为计划期末产品收益率的方差，可理解为风险项，因此，二次效用函数能够综合考虑管理者对风险和收益的权衡，τ 系数反映保险公司的风险态度。τ 系数越大，表明公司对风险越厌恶，这也就意味着公司将会采取更加保守的投资策略；反之，当 τ 系数越小时，公司会趋向于采取较为激进的投资策略；当 τ 系数为零时，公司为风险中立者。其次，二次效用函数能够使规划模型为凸规划，凸规划有利于计算机优化求解，且在求解中不会存在局部最大化和全局最大化不一致的情况。

三、约束条件构建

约束条件包括现金流账户平衡约束、账户价值约束、存货平衡约束、最低利率保证约束、红利分配约束、组合约束和监管约束等。其中现金流账户平衡约束使每个时间点的现金流入和现金流出保持平衡；存货平衡约束表明期初对某种资产的投资额等于调整买卖行为后的前一个时期末的投资额，产品约束保证规划模型满足产品的特征需求；监管约束主要反映监管机构对保险公司偿付能力的要求不同、各种产品可投资资产的种类和比例的限制；负债约束能够保证保险公司提取的各种准备金满足未来的保险给付。

（一）现金流账户平衡约束

现金流账户平衡方程表明资产的现金流入必须等于现金流出。其中，现金流入主要包括保费收入、公司资本注入及出售资产等；现金流出主要包括保险给付、红利支出、退保支出、费用支出等。现金流账户平衡方程的一般形式为

$$\sum_{i=1}^{I} X_{itn}^{b} + DBpayment_{tn} + Div_{tn} + f_{tn} + S_{tn} = \sum_{i=1}^{I} X_{itn}^{s} + premium_{tn}$$

$$(3-11)$$

$$i = 1,2,\cdots I, t = 1,2,\cdots T-1, n = 1,2,\cdots N_t$$

$$C + premium_0 = \sum_{i=1}^{I} X_{i01}^{h} \qquad (3-12)$$

其中，等式（3-11）表示 t 时刻节点 n 的现金流平衡条件，t 时刻某节点资产的价值等于其父节点资产的价值累积到现在加上本期保费收入再减去赔款支出、费用支出、红利支出及退保支出，（3-12）表示初始时刻的现金流账户平衡方程。

（二）账户价值约束

由等式（3-11）可知，在 t 期节点 n 上资产账户的总价值 A_{tn} 为

$$A_{tn} = \sum_{i=1}^{I} X_{itn}^{h} = \sum_{i=1}^{I} X_{i,t-1,n}^{h}\hat{(1+r_{itn})} + premium_{tn}$$

$$- DBpayment_{tn} - Div_{tn} - f_{tn} - S_{tn}$$

$$i = 1,2,\cdots I, t = 1,2,\cdots T-1, n = 1,2,\cdots N_t \qquad (3-13)$$

等式（3-13）表示本期的资产账户总价值等于上期持有的资产累计到本期，加上本期的保费收入减去保险给付、红利支出、费用支出及退保支出。

（三）存货平衡约束

存货平衡方程表明期初对某种资产的持有额等于上期持有额累积到本期减去本期的卖出额再加上本期的买入额，存货平衡方程可表述为

$$X_{i01}^h = X_i^{ini} - X_{i01}^s + X_{i01}^b, i = 1,2,\cdots I, \qquad (3-14)$$

$$X_{itn}^h = (1 + r_{itn}) X_{i,t-1,\hat{n}}^h - X_{itn}^s + X_{itn}^b,$$

$$i = 1,2,\cdots I, t = 1,2,\cdots T-1, n = 1,2,\cdots N_t \qquad (3-15)$$

$$X_{itn}^s \geq 0, X_{itn}^b \geq 0, i = 1,2,\cdots I, t = 1,2,\cdots T-1, n = 1,2,\cdots N_t$$

$$(3-16)$$

$$X_{itn}^s \times X_{itn}^b = 0, i = 1,2,\cdots I, t = 1,2,\cdots T-1, n = 1,2,\cdots N_t$$

$$(3-17)$$

其中，等式（3-14）表示零时刻存货平衡条件，零时刻对某种资产的持有额等于最初对该资产的持有额减去零时刻卖出额加上零时刻的买入额，等式（3-15）表示 t 时刻节点 n 下的存货平衡约束，在 t 时刻节点 n 上对某种资产的持有额等于其父节点该资产的持有额累积到 t 时刻减去 t 时刻卖出额加上 t 时刻买入额。约束条件等式（3-16）表示各种投资资产不能买空卖空，约束条件等式（3-17）表示在某个时间某个节点上只能买入或卖出某种资产，不能同时对该资产进行买入卖出，这样做毫无意义，只会增加交易的成本。

（四）最低利率保证约束

对于分红型及万能型寿险产品，保险公司一般都有预定利率或最低利率保证，该保证允诺保险公司的结算利率最低不能低于某个

下限。20 世纪 90 年代，我国处于高利率时期，保险公司的保证最低利率水平也较高，有的公司的保证利率高达 10% 以上，然而，从 1996 年开始，中央银行连续下调存贷款利率，其中一年期存款利率从 10.08% 下调至 1.98%，保险公司的老保单开始出现利差损，为了控制保证利率水平，保监会 1999 年 6 月 10 日紧急下发了《关于调整寿险保单预定利率的紧急通知》（保监发〔1999〕93 号），规定寿险保单（包括含预定利率因素的长期健康险保单）的预定利率不得超过年复利的 2.5%，最低利率保证约束可表述为

$$\sum_{i=1}^{I} r_{iin} \times X_{i,t-1,\hat{n}}^{h} \geqslant \rho \times \sum_{i=1}^{I} X_{i,t-1,\hat{n}}^{h},$$

$$i = 1,2,\cdots I, t = 1,2,\cdots T-1, n = 1,2,\cdots N_t \quad (3-18)$$

约束条件（3-18）表明，在任何时期任何一种情景下，支持准备金的资产的投资组合收益率都要高于预定利率或最低保证利率水平。

（五）红利分配约束

对于分红型寿险产品，保险公司要与保单持有人分享盈余，按照保监会关于《分红保险管理暂行办法》（保监发〔2000〕26 号）第十二条的规定，保险公司每一个会计年度向保单持有人实际分配盈余的比例不低于当年全部可分配盈余的 70%。本书在第六章模型应用中首先使用 70% 的红利分配额度，然后对这个指标做敏感性分析，即分析在红利分配额度发生改变的情况下初始资本要求和最优投资组合将会发生何种改变，红利可以选择多种分配方式，本书选择现金红利。红利分配约束可表达为

$$Div_{tn} = \eta \times (E_{tn} - C), t = 1,2,\cdots T-1, n = 1,2,\cdots N_t$$

$$(3-19)$$

$$profit_{tn} = E_{tn} - C, t = 1,2,\cdots T-1, n = 1,2,\cdots N_t, (3-20)$$

等式（3-19）表示每期末的可分配红利等于该期末的产品盈余

乘以红利分配比例，等式（3-20）表示每期末利润等于产品盈余减去本期的红利分配。需要注意的是，只有分红型寿险产品存在此红利分配约束，万能型和投连型寿险产品没有红利约束，万能型和投连型寿险产品每期末利润等于资产账户价值的一定比例。

$$profit_{tn} = \delta \times A_{tn}, t = 1, 2, \cdots T-1, n = 1, 2, \cdots N_t \quad (3-21)$$

（六）组合约束

组合约束表示投资组合中各种资产所占总资产的比例约束，保监会在《保险机构投资者股票投资管理暂行办法》（保监会令2004年第12号）中规定，保险机构投资者为投资连结保险设立的投资账户，投资股票的比例可以为100%。保险机构投资者为万能寿险设立的投资账户，投资股票的比例不得超过80%。保险机构投资者为其他保险产品设立的独立核算账户，投资股票的比例不得超过保监会的有关规定。保险机构投资者为上述保险产品设立的独立核算账户，投资股票的比例不得超过保险条款具体约定的比例。另外，《保险资金境外投资管理暂行办法》对保险公司海外投资进行了限制，规定保险机构对海外进行投资不得超过总资产的15%。组合约束可表示为

$$l_i \times A_{tn} \leqslant X_{itn}^h \leqslant u_i \times A_{tn},$$
$$i = 1, 2, \cdots I, t = 1, 2, \cdots T-1, n = 1, 2, \cdots N_t \quad (3-22)$$

对于分红型和万能型保险，保险公司承担一定的利率风险，为了控制投资风险，本书规定其股票投资占比不能高于20%。对于投连险产品，由于保险公司将全部投资风险转嫁给了保单持有人，本书对其投资组合策略不作任何比例限制。

（七）监管约束

在对资产负债管理的同时要满足某些监管约束，主要包括两个方面：一是偿付能力约束；二是可投资产和投资比例约束。其中最

重要的要求是偿付能力约束，所用到的指标为偿付能力充足率指标。

$$偿付能力充足率 = \frac{实际资本}{最低资本}$$

其中，实际资本 = 认可资产价值 - 认可负债价值。关于认可资产，《保险公司偿付能力报告编报规则第2号：投资资产》规定：保险公司应当将投资资产按其性质分为政府债券、金融债、企业债券、资产证券化产品、信托资产、权益投资、贷款和其他投资资产。在编制偿付能力报告时，保险公司必须按照本规则的规定对投资资产进行分类，计算各类投资资产的认可价值，披露相关信息，并设计相应的内部控制制度来规范投资资产的分类程序，确保分类的合理性、正确性。为了简单起见，本书假设保险公司认可资产的价值为实际可投资资产的价值。《保险公司偿付能力报告编报规则第6号：认可负债》规定，保险公司的认可负债包括未到期责任准备金、未决赔款责任准备金、应付赔付款、应付保户红利、保户储金、应付分保款项及资本性负债。其中，未到期责任准备金是指保险公司为尚未发生保险事故的保单责任提取的责任准备金；未决赔款责任准备金是指保险公司为已经发生但尚未结案的保险事故提取的责任准备金，包括已发生已报案未决赔款责任准备金和已发生未报案未决赔款责任准备金，但不包括已经结案尚未支付的各种赔付款项；应付赔付款是指保险公司已经结案但尚未支付的各种赔款和给付款项；应付保户红利是指保险公司已经预计但尚未支付给分红险保单持有人的红利；保户储金是指财险公司向投保人收取的、在保险合同到期时必须返还的资金及相应的投资回报；应付分保款项是指保险公司由于分保业务而形成的各种应付、预收等结算款项，但不包括对分入业务提取的责任准备金；资本性负债是指保险公司募集的、清偿顺序在保单责任和其他债务之后、保险公司股权资本之前的长期债务。其中包括保险公司募集的次级债。实际资本为

$$E_{tn} = A_{tn} - L_{tn}, t = 1, 2, \cdots T - 1, n = 1, 2, \cdots N_t \quad (3-23)$$

对寿险公司来说，实际资本的波动主要受资本市场的影响，也就是说，破产风险主要来自于投资风险。最低偿付能力一般基于各种风险，现在流行的标准主要有美国的风险资本份额方法和欧盟的Solvency 体系，我国现行寿险业最低偿付能力额度标准参照欧盟 Solvency I。在该体系下，最低偿付能力为产品责任准备金或风险保额的一定比例。最低偿付能力一般分险种计算，表 3 - 3 和表 3 - 4 给出了各险种的计算方法和计算公式。

表 3 - 3 各险种最低偿付能力额度计算方法

序列	产品类型	最低偿付能力额度
1	一般寿险产品	责任准备金的4%
2	投资险业务	责任准备金的1%
3	保险期间不足 3 年的定期死亡保险	风险保额的 0.1%
4	保险期间 3 ~ 5 年的定期死亡险	风险保额的 0.15%
5	保险期间超过 5 年的定期死亡险和其他险种	风险保额的 0.3%
6	在统计中未对定期死亡保险区分保险期间的，统一按风险保额的 0.3% 计算。	

表 3 - 4 各险种最低偿付能力资本计算公式

序列	产品类型	最低偿付能力资本
1	一般寿险产品	$MR_{tn} = L_{tn} \times 4\%$
2	投资连结寿险业务	$MR_{tn} = L_{tn} \times 1\%$
3	保险期间不足 3 年的定期死亡保险	$MR_{tn} = RB_{tn} \times 0.1\%$
4	保险期间 3 ~ 5 年的定期死亡险	$MR_{tn} = RB_{tn} \times 0.15\%$
5	保险期间超过 5 年的定期死亡险和其他险种	$MR_{tn} = RB_{tn} \times 0.3\%$
6	在统计中未对定期死亡保险区分保险期间的险种	$MR_{tn} = RB_{tn} \times 0.3\%$

监管机构一般要求偿付能力充足率高于某个特定值。我国《保险公司偿付能力管理规定》（保监会令 2008 年第 1 号）第三十七条规定，保险公司按照其偿付能力被分为三类，见表 3 - 5。

表 3 – 5　　　　　　　　　保险公司偿付能力充足类型

公司类型	偿付能力充足率指标
不充足类公司	偿付能力充足率低于100%
充足 I 类公司	偿付能力充足率介于100%～150%
充足 II 类公司	偿付能力充足率高于150%

对不充足类公司，保险监管机构应当区分不同的情况，采取各种监管措施，包括责令增加资本金或者限制向股东分红；限制董事、高级管理人员的薪酬水平和在职消费水平；限制商业性广告；限制增设分支机构、限制业务范围、责令停止开展新业务、责令转让保险业务或者责令办理分出业务；责令拍卖资产或者限制固定资产购置；限制资金运用渠道；调整负责人及有关管理人员；直至接管。

而对于充足 I 类公司，保险监管机构可以要求其提交和实施预防偿付能力不足的计划。对于充足 I 类公司和充足 II 类公司存在重大偿付能力风险的，保监会可以要求其进行整改或者采取必要的监管措施。从公司偿付能力安全的角度出发，本书选择的偿付能力充足率要求为150%，最低偿付能力充足率可表述为

$$E_{tn}/MR_{tn} \geq 150\% , t = 1,2,\cdots T - 1, n = 1,2,\cdots N_t \qquad (3 - 24)$$

由等式（3 – 24）可知，保险公司产品线的偿付能力充足率必须高于150%。

第三节　本章小结

本章第一节首先详述了基于随机规划模型的保险公司资产负债管理决策过程，创造性地提出了资产负债管理随机规划模型的两个决策问题——资本配置和资产配置，介绍了随机规划模型的分类，探讨了情景树的生成，以及随机规划模型中随机因素的选择问题。

第二节根据寿险公司资产负债管理的动态随机特性以及我国的

寿险投资现状，在借鉴 Kouwenberg（1998）资产负债管理随机规划建模的思想上，为新型寿险产品构建了符合我国投资和监管环境的资产负债管理的多阶段随机规划模型。该模型主要由目标函数（等式3－10）和各种约束条件（等式3－11至等式3－24）组成，目标函数反映了保险公司资产负债管理者的管理目标，本章选择的目标函数为计划期末产品投资收益率期望效用函数，约束条件包括现金流账户平衡约束、存货平衡约束、红利分配约束、监管约束等。其中现金流账户平衡约束保证每个时间点的现金流入都能够弥补现金流出；存货方程表明期初对某种资产的投资额等于调整买卖行为后的前一个时期末的投资额；红利分配约束保证规划模型满足产品的特征需求；监管约束主要反映监管机构对保险公司偿付能力的要求、各种产品可投资资产的种类和比例的限制，以及对负债准备金提取方法的要求。

第四章　资产情景的生成及情景树的构建

使用随机规划模型处理资产负债管理问题，关键在于生成未来的经济情景。本章首先使用向量自回归模型和 Copula – GARCH 模型生成未来的情景，在其基础上构建情景树。由于情景树上可能存在套利机会，本章给出了存在的检验和排除套利机会的方法，最后给出了生成无套利情景树实例。

第一节　资产收益未来情景生成

对多个资产收益率进行建模是资产负债管理随机规划模型中非常重要的一个部分，因为只有建模合理，使用该模型生成的未来收益率情景才具有可信性，随机规划模型的结果才更具有可行性，错误的经济模型将会直接导致错误的情景生成，而错误的情景生成将会导致管理者作出错误的资产负债管理决策。然而，由于经济体系本身的复杂性和时变性，虽然许多学者构建了各种模型来描述某种资产价格或收益率的变化趋势，但是这些模型也只能是对真实情况的近似，很难找到某种资产或某组资产的价格或收益率运行的规律。

经济情景生成模型最早见于 Wilkie （1986）的文章中，该研究设计了一套层叠式的资产收益率随机模型，研究通货膨胀、工资、股票收益率与各种债券收益率的变化规律，并使用英国的历史数据进行了实证研究。为了进一步描述经济变量的尖峰厚尾特征，Wilkie（1995）在之前的基础上提出了基于传统层叠式模型的 ARCH 改进形式，并提出了以月度数据为基础进行建模的思想。作为保险业最经典的随机资产收益率生成模型，Wilkie（1986）模型有许多变形形式，Wilkie（1986）模型及其变形形式有些已经广泛应用到国内外的许多保险公司。

Mulvey（1996）为养老金公司的资产负债管理问题设计了一套情景生成预测系统，该预测系统包括能够生成各种经济因素和资产收益率情景的一套相互联系的模型，在该系统的最高层为国债收益率模型，国债收益率曲线为一个二因素模型（Brennan 和 Schwartz，1982），并在此基础上构建通货膨胀率及股票收益率模型等。Wilkie（1986）和 Mulvey（1996）模型的共同点在于：首先，都拥有层叠结构；其次，都考虑了经济变量之间的非线性相关关系。

一般来讲，生成未来经济情景的发生主要有以下三步：

第一步，模型的构建。对多个资产的收益率进行建模通常有两种方法：一种方法是使用联立方程模型，即对多个资产收益率建立一个整体模型。已经被理论界和实务界广泛接受的向量自回归模型（VaR）和向量误差修正模型（VECM）就属于这种类型。联立方程模型把系统中每一个内生变量作为系统中所有内生变量的滞后值的函数来构造模型，从而将单变量自回归模型推广到由多元时间序列变量组成的"向量"自回归模型。这种模型的优点是对方程内有随机误差项与某些解释变量相关所造成的回归参数估计量的偏倚给予了充分的注意与考虑。缺陷在于它需要估计较多的参数，从而使模型的自由度下降。另一种方法是首先独立地对每一个资产收益率进行建模，然后使用某种方法来刻画不同资产收益率之间的相关关系。例如，可以使用 ARCH 模型或 GARCH 模型来描述某种资产的收益率随时间波动的状况，然后用 Copula 模型来刻画不同资产收益率之间的相关性。这种方法简单灵活，参数估计也非常容易。

第二步，参数估计。通过历史数据对模型中涉及的参数进行估值。

第三步，未来经济情景的生成。未来经济情景的生成主要是指通过已构建的模型和估计出的参数值生成资产收益率的各种未来状态。在本节中，同时使用向量自回归模型和 Copula – GARCH 模型来构建资产收益率，然后对两个模型所涉及的各种参数进行估计，最后使用上述两种模型生成各种资产收益率的未来经济情景。

一、向量自回归模型

（一）模型的建立

向量自回归模型是由 Grange 和 Sims 提出的，是一种非结构化模型，它不以传统经济学理论作为建模的基础，而采用往年的时间序列趋势来预测未来经济的走向。构建向量自回归模型只需两个步骤：首先，确定哪些变量是相互作用的，应该把它们作为本书试图构造某个经济系统模型的一部分；其次，确定反映变量彼此之间大部分影响的最大可能的滞后数。

滞后阶数为 p 的一个向量自回归模型为

$$y_t = c + A_1 y_{t-1} + A_2 y_{t-2} + \cdots + A_p y_{t-p} + \varepsilon_t \qquad (4-1)$$

其中，c 是常数向量，A_j 是 $n \times n$ 阶自回归系数矩阵，$j = 1, 2, \cdots p$。ε_t 是白噪声过程。

由式（4 – 1）可知，一阶滞后的向量自回归（VaR）模型可表述为

$$h_t = c + \Omega h_{t-1} + \varepsilon_t \ \varepsilon_t \sim N(0, \sum) t = 1, 2, \cdots T \qquad (4-2)$$

其中，Ω 代表自回归系数矩阵。

（二）实证分析

使用 VaR 模型对保险公司的投资收益率进行实证分析并生成未

来的情景，按照我国《保险法》的规定，保险公司可投资的资产有银行存款、债券（包括国债、公司债券和金融债券）、股票、房地产等。本书仅考虑银行存款、债券及股票三种资产，考虑到价格和工资增长率对上述变量的影响，将居民消费价格指数增长率和工资增长率纳入 VaR 模型中。其中，存款利率选择三年期定期存款利率，数据经过加权平均，数据来源为中国人民银行官方网站；债券收益率选择当年新发行三年期债券收益率平均值，数据来源为中国债券网；股票收益率上证综合指数年增长率，数据来源为 Wind 金融数据库；工资增长率为城镇居民工资年增长率，价格指数为居民消费价格指数年增长率，数据来源为中经网。数据的选择区间为 1990 ~ 2010 年，表 4 - 1 和图 4 - 1 分别给出了五个变量的基本统计特征和随时间变化的过程。

表 4 - 1 　　　　　　　　　　五个变量的基本统计特征

项目	平均值	标准差	偏度	峰度
三年期定期存款利率（CK）	0.0553	0.0332	0.5194	1.6043
三年期国债收益率（GZ）	0.0609	0.0341	0.5351	1.8009
股票收益率（GP）	0.1547	0.4891	- 0.3244	3.3282
工资增长率（GZZZ）	0.0081	0.4252	1.4635	5.5451
价格指数（JG）	0.4801	0.06128	1.4704	4.3673

VaR 模型需要平稳的时间序列，当时间序列具有不平稳性时，会导致所谓的"伪回归"问题，从而直接导致模型毫无意义。因此，在建立计量模型之前，需要对所有的时间序列变量进行单位根检验，以确定各序列的平稳性和单整阶数。基本的单位根检验方法有 pp 和 ADF 两种，本书采用 ADF 单位根检验法，运用 Eviews6.0 软件，对五个经济变量序列做 ADF 单位根检验，检验结果见表 4 - 2。

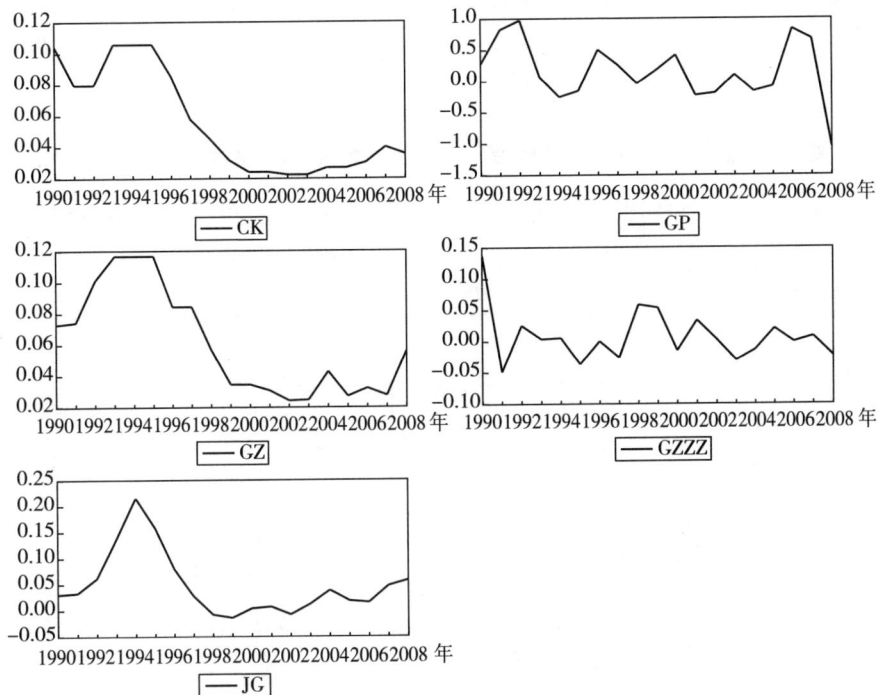

注：CK 代表三年期存款利率随时间的变化情况；GP 代表股票年收益率随时间的变化情况；GZ 代表三年期国债收益率随时间的变化情况；GZZZ 代表工资的增长率随时间的变化情况；JG 代表价格指数增长率随时间的变化情况。

图 4 - 1　五个变量随时间的变化情况

表 4 - 2　　　　　　　五种时间序列的单位根检验

项目	t - Statistic	1% level	5% level	10% level	Prob
存款利率	- 1.010459	- 3.886751	- 3.052169	- 2.666593	0.7245
国债利率	- 1.011110	- 3.857386	- 3.040391	- 2.660551	0.7258
股票收益率	- 4.566609	- 3.886751	- 3.052169	- 2.666593	0.0026
工资增长率	- 7.830396	- 3.857386	- 3.040391	- 2.660551	0.0000
价格指数	- 2.744269	- 3.886751	- 2.352169	- 2.166593	0.0473

分析表 4 - 2，股票收益率和工资增长率都通过了 1% 的显著性检验，价格指数通过了 5% 的显著性检验，也就是说，可以认为它们

都是平稳的。存款利率和国债收益率都未通过显著性检验，需要对它们进行一阶差分，差分之后再对其进行单位根检验，检验结果见表 4－3。

表 4－3   存款利率和国债收益率一阶差分之后的单位根检验

项目	t－Statistic	1% level	5% level	10% level	Prob
存款利率	－2.939991	－3.886751	－3.052169	－2.666593	0.0414
国债利率	－3.027097	－3.886751	－3.052169	－2.666593	0.0324

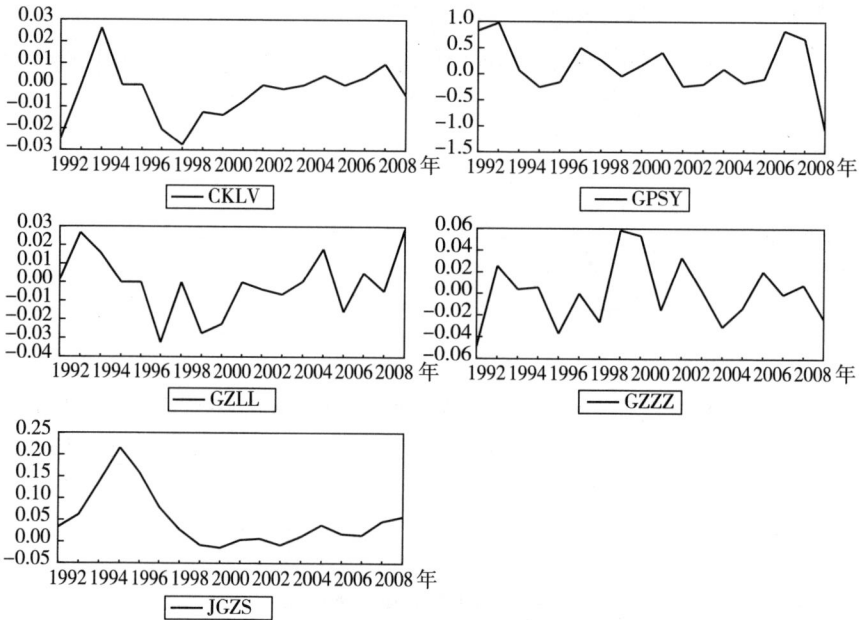

注：CKLV 代表存款利率一阶差分序列，GPSY 代表股票收益率序列，GZLL 代表国债收益率一阶差分序列，GZZZ 代表工资增长率序列，JG 代表价格指数增长率序列。

图 4－2   五种序列随时间的变化

由表 4－3 可知，经过一阶差分之后，存款利率和国债收益都通过了 5% 的显著性检验，可认为是 Ⅰ（1）平稳的。

下面用股票收益率、工资增长率、价格指数增长率以及经一阶差分后的存款利率和国债收益率建立 VaR 模型，五种序列随时间的变化情况见图 4 - 1。

建立 VaR 模型之前，首先应该确定模型的最优滞后阶数，在选择滞后阶数时需要考虑两个方面的因素：一方面，滞后的阶数应该足够大，以反映 VaR 模型的动态特征；另一方面，滞后数越多，需要估计的参数也就越多，模型的自由度就越少。因此，在选择滞后阶数时需要做一个权衡，既要有足够多的滞后项以反映模型的动态信息，又要有足够数目的自由度。一般来讲，VaR 模型滞后阶数的确定主要参考 AIC 准则和 SIC 准则，在这里用 Eviews6.0 软件进行滞后结构检验，经检验确定的滞后阶数为二阶，检验结果见表 4 - 4。

表 4 - 4　　　　　　　　　　滞后阶数的确定

Lag	LogL	LR	FPE	AIC	SC
0	151. 1674	NA	8. 00e - 15	- 18. 27092	- 18. 02949
1	197. 3059	57. 67317	6. 90e - 16	- 20. 91324	- 19. 46463
2	260. 1854	39. 29970 *	2. 37e - 17 *	- 25. 64818 *	- 22. 99240 *

注：LogL 代表对数似然值，LR 代表似然比检验，FPR 代表预测误差，AIC 和 SC 分别代表 AIC 信息准则和 SC 准则，星号代表由该指标选择的阶数。

接下来对各种经济变量进行 Granger 因果检验，Granger 因果检验主要用于检验一个变量的滞后项对另一个变量的解释程度，如果解释显著，那么就称它们具有 Granger 因果关系。本书对五个变量进行双向 Granger 因果检验，选择 5% 的显著性水平，检验结果见表 4 - 5，由表 4 - 5 可知，三年期存款利率的变化率与其他四个变量都存在 Granger 因果关系；股票市场收益率只与工资增长存在 Granger 因果关系；国债收益率与股票收益率和价格指数增长率存在 Granger 因果关系；工资增长率与其他四个变量都不存在 Granger 因果关系；价格指数只与股票收益率存在 Granger 因果关系。

表 4 – 5　　　　　　　　　变量的格兰杰因果检验

因变量: CKLV			
Excluded	Chi – sq	df	Prob.
GPSY	10. 48791	2	0. 0053
GZLL	16. 13801	2	0. 0003
GZZS	5. 033350	2	0. 0807
JGZS	11. 85467	2	0. 0027
All	53. 45439	8	0. 0000
因变量: GPSY			
Excluded	Chi – sq	df	Prob.
CKLV	0. 831769	2	0. 6598
GZLL	4. 369101	2	0. 1125
GZZS	6. 058605	2	0. 0483
JGZS	4. 171555	2	0. 1242
All	11. 33143	8	0. 1836
因变量: GZLL			
Excluded	Chi – sq	df	Prob.
CKLV	0. 578094	2	0. 7490
GPSY	7. 039892	2	0. 0296
GZZS	0. 325732	2	0. 8497
JGZS	6. 164079	2	0. 0459
All	15. 99170	8	0. 0425
因变量: GZZS			
Excluded	Chi – sq	df	Prob.
CKLV	1. 813034	2	0. 4039
GPSY	0. 925843	2	0. 6294
GZLL	0. 029736	2	0. 9852
JGZS	0. 011876	2	0. 9941
All	8. 837307	8	0. 3562
因变量: JGZS			
Excluded	Chi – sq	df	Prob.
CKLV	1. 906432	2	0. 3855

因变量：JGZS			
GPSY	6. 507894	2	0. 0386
GZLL	3. 010993	2	0. 2219
GZZS	2. 930740	2	0. 2310
All	17. 13469	8	0. 0287

最后，需要对 VaR 模型的参数进行估计，表4－6 给出了参数估计的结果，表4－7 给出了模型残差项的协方差矩阵。

表4－6　　　　　　　　　　参数估计结果

项目	CKLV	GPSY	GZLL	GZZS	JGZS
CKLV （-1)	-0. 696209	-17. 50843	-0. 421427	0. 011498	-0. 545356
	(0. 35010)	(21. 6375)	(0. 86731)	(1. 92136)	(1. 67409)
	[-1. 98860]	[-0. 80917]	[-0. 48590]	[0. 00598]	[-0. 32576]
CKLV （-2)	0. 070281	-3. 379967	0. 392800	-1. 690562	-1. 386543
	(0. 23423)	(14. 4761)	(0. 58025)	(1. 28544)	(1. 12001)
	[0. 30005]	[-0. 23349]	[0. 67695]	[-1. 31516]	[-1. 23797]
GPSY （-1)	0. 013061	0. 282629	0. 027631	-0. 023024	0. 053351
	(0. 00441)	(0. 27263)	(0. 01093)	(0. 02421)	(0. 02109)
	[2. 96086]	[1. 03666]	[2. 52847]	[-0. 95106]	[2. 52922]
GPSY （-2)	-0. 012751	-0. 977217	-0. 000467	0. 014076	-0. 013433
	(0. 00586)	(0. 36202)	(0. 01451)	(0. 03215)	(0. 02801)
	[-2. 17691]	[-2. 69938]	[-0. 03221]	[0. 43788]	[-0. 47961]
GZLL （-1)	0. 912241	29. 29316	-0. 280399	-0. 073861	1. 147569
	(0. 22709)	(14. 0347)	(0. 56256)	(1. 24625)	(1. 08587)
	[4. 01715]	[2. 08719]	[-0. 49843]	[-0. 05927]	[1. 05682]
GZLL （-2)	0. 645046	22. 60035	0. 669119	-0. 270507	2. 431439
	(0. 29378)	(18. 1565)	(0. 72778)	(1. 61225)	(1. 40477)
	[2. 19570]	[1. 24475]	[0. 91940]	[-0. 16778]	[1. 73085]
GZZS （-1)	0. 166142	11. 21052	-0. 110822	-0. 306791	0. 153877
	(0. 08259)	(5. 10450)	(0. 20461)	(0. 45327)	(0. 39494)
	[2. 01159]	[2. 19620]	[-0. 54164]	[-0. 67684]	[0. 38963]

	CKLV	GPSY	GZLL	GZZS	JGZS
GZZS（-2）	0.113837	7.826780	0.021191	-0.089734	0.723357
	(0.08864)	(5.47826)	(0.21959)	(0.48646)	(0.42385)
	[1.28427]	[1.42870]	[0.09650]	[-0.18446]	[1.70662]
JGZS（-1）	-0.007240	-7.927480	0.107427	0.046472	0.911196
	(0.08745)	(5.40481)	(0.21664)	(0.47993)	(0.41817)
	[-0.08279]	[-1.46675]	[0.49587]	[0.09683]	[2.17901]
JGZS（-2）	-0.098149	8.661830	-0.263002	-0.043533	-0.253894
	(0.07288)	(4.50450)	(0.18056)	(0.39999)	(0.34851)
	[-1.34665]	[1.92293]	[-1.45662]	[-0.10883]	[-0.72850]
C	0.004212	0.165910	0.001975	-0.003065	0.008886
	(0.00271)	(0.16765)	(0.00672)	(0.01489)	(0.01297)
	[1.55292]	[0.98962]	[0.29390]	[-0.20589]	[0.68505]
R^2	0.939013	0.820840	0.781024	0.642547	0.952026
调整 R^2	0.817038	0.462519	0.343071	-0.072358	0.856078
残差平方和	0.000140	0.535832	0.000861	0.004225	0.003208
标准误	0.005297	0.327363	0.013122	0.029069	0.025328
F 统计量	7.698431	2.290795	1.783352	0.898786	9.922312
对数似然值	70.45255	4.469177	55.93781	43.21150	45.41568
AIC	-7.431569	0.816353	-5.617226	-4.026437	-4.301960
SC	-6.900415	1.347508	-5.086071	-3.495283	-3.770805
因变量均值	-0.002761	0.052984	-0.002826	0.002469	0.049138
因变量标准差	0.012383	0.446527	0.016190	0.028071	0.066763

表 4-6 中，CKLV（-1）和 CKLV（-2）分别代表银行存款的一阶和二阶滞后项；GPSY（-1）和 GPSY（-2）分别代表股票收益的一阶和二阶滞后项；GZLL（-1）和 GZLL（-2）分别代表国债收益率的一阶和二阶滞后项，JGZS（-1）和 JGZS（-2）分别代表价格指数增长率的一阶和二阶滞后项，GZZS（-1）和 GZZS（-2）分别代表了工资增长率的一阶和二阶滞后项。

表 4 -7　　　　　　　　VaR 模型残差项协方差矩阵

项目	存款利率	股票收益率	国债收益率	工资增长指数	价格指数
存款利率	2.81E -05	0.000213292	2.59E -05	-1.27E -05	9.28E -06
股票收益率	0.00021329	0.107166302	-0.002074728	0.006217762	0.001888
国债收益率	2.59E -05	-0.00207473	0.000172183	-0.000348409	0.000112
工资增长指数	-1.27E -05	0.006217762	-0.000348409	0.000845009	-0.00031
价格指数	9.28E -06	0.001887572	0.000111895	-0.000312149	0.000642

在估计出 VaR 模型的参数后，就可以应用蒙塔卡罗方法生成三种资产未来收益率向量，具体的步骤为：

（1）对残差项协方差矩阵 $\sum$ 进行 Cholesky 分解，令 $AA^T = \sum$；

（2）生成标准正态 $N(0,1)$ 随机向量 X，令 $\varepsilon = AX$，ε 就是模型的随机扰动项；

（3）将 ε 代入 VaR 模型得到下一期收益率的预测值；

（4）反复进行步骤 2 和步骤 3，生成多组预测值。

如果要生成多阶段的情景，则可以利用滚动法来完成。滚动法的主要思想是在单阶段情景生成的基础上，把前一个阶段生成的情景值作为已知量代入 VaR 模型，生成下一个阶段的情景。由于前一个阶段的情景生成较多，因此，需要选择有代表性的情景作为输入变量生成下一个阶段的情景，选择有代表性的情景的过程叫作抽样，抽样方法对随机规划模型的最优解至关重要，错误的抽样方法使模型的求解出现误差。关于抽样方法将会在第二节重点讨论。

二、基于 Copula 的情景生成方法

大量的实证表明，金融时间序列往往呈现出尾部相关的特性。Ramchand et al（1998）在研究全球主要股票市场的相关性后发现，当股价出现大幅波动时，市场之间的相关性会增加；Thierry et al

（2009）研究了英国、德国、法国股票市场股价波动的联动效应并证实，市场之间的相关性呈现出非对称特征，英国市场股价的波动对德国和法国的影响要强于德国、法国对英国的影响；Longin 和 Solnik（2001）对五个主要国家股票指数的收益率进行研究并证实，市场之间的相关性熊市会强于牛市。显然，线性相关不能很好地捕捉到这种相关的时变性、非线性及非对称性特征。

本书使用 Copula 函数来刻画变量之间的相关性，Copula 函数可以理解为"相依函数"或"连接函数"，通过 Copula 函数，可以将风险分解成单个金融资产的风险和由投资组合产生的相关性风险两个部分。其中，单个金融资产的风险可以由它们各自的边际分布来描述，而由投资组合产生的相关性风险则可以由连接它们的 Copula 函数来描述。Copula 函数不仅是研究随机变量间相依结构的工具，同时也是测度投资组合风险的工具。到目前为止，使用 Copula 函数进行风险分析的研究一般都集中在度量资产组合的相关性或组合的 VaR（风险价值）和 CVaR 值上，Embrechts et al（1999）最早将 Copula 函数引入金融数量分析，随后，Li（2000）用 Copula 函数对贷款人违约相关性进行分析，Li 的方法使金融机构能够非常容易地对信用产品进行定价。Rosenberg et al（2004）采用 VaR 作为风险测度方法，运用 Copula 函数技术研究了市场风险、信用风险和运作风险的风险聚合问题，并与其他模型进行了对比，结果表明由 Copula 模型计算得到的 VaR 最接近经验值。Xu（2004）运用混合正态及非正态 Copula 模型对美国股市资产的非对称相关性进行了量化研究。

国内学者开始在金融数据分析中使用 Copula 函数的研究始于 2002 年，张尧庭（2002）从理论上探讨了 Copula 函数应用于金融的可行性；韦艳华等（2003）对上海股市各板块指数收益率序列间的条件相关性进行分析，从而得出结论，上海股市各板块指数收益率序列之间存在较强的正相关关系，而且这种相关关系具有明显的时变性，即随着股价波动幅度的增加，各板块之间的相关程度增强；吴振翔等（2006）使用 Copula – GARCH 模型对我国股票市场组合投资的风险评估问题进行了定量化的研究，给出了组合投资风险的 VaR 值及最小风险组合系数；何其祥等（2009）运用 Copula 方法研究了含股指期货的投资组合的风险度量问题；包卫军等（2008）使用 Gumbel Copula 函数研究了多个金融资产的相关结构，同时给出不同置信水平下的最小 CVAR 值及对应的风险资产组合。本部分主要使用 Copula 模型生成符合资产组合收益特征的未来情景。

（一）Copula 理论

Sklar 定理假设 n 维随机向量 $(\xi_1, \xi_2 \cdots \xi_n)$ 的联合分布函数和边际分布函数分别为 $F(x_1, x_2, \cdots x_n)$ 和 $F_i(x_i)(i = 1, 2 \cdots n)$，若存在 n 维连接函数 $C: [0,1]^n \sim [0,1]$，使得

$$F(x_1, x_2, \cdots x_n) = C(F_1(x_1), F_1(x_2), \cdots F_n(x_n)) \quad (4-3)$$

则函数 C 称为 Copula 连接函数。

在金融风险的分析中，往往更关注的是随机变量的尾部相关性，尾部相关系数用于测度在一个随机变量出现极端值时另一个随机变量出现极端值的可能性，令 X, Y 为两个连续的随机变量，具有边际分布 $F(\cdot), G(\cdot)$ 和连接函数 $C(\cdot, \cdot)$ 那么上尾相关系数 λ^{up} 和下尾相关系数 λ^L 分别为

$$\lambda^{up} = \lim P\{Y > G^{-1}(u) \mid x > F^{-1}(u)\} = \lim_{u \to 1} \frac{C(1-u, 1-u)}{1-u}$$

$$(4-4)$$

$$\lambda^L = \lim P\{Y < G^{-1}(u) \mid X < F^{-1}(u)\} = \lim_{u \to 0} \frac{C(u, u)}{u}$$

$$(4-5)$$

如果 $\lambda^{up} \in (0,1]$，那么称该 Copula 函数存在上尾相依性，否则，$\lambda^{up} = 0$，该 Copula 函数不存在上尾相依性；同理，如果 $\lambda^L \in$

（0，1］，那么称该 Copula 函数存在下尾相依性，否则 $\lambda^L = 0$，该 Copula 函数不存在下尾相依性。

运用 Copula 理论构建资产组合收益率联合概率分布时分以下两步进行：

第一步确定单个资产收益率边际分布；

第二步选择适当的 Copula 函数，以便能较好地描述资产的相依结构。

第一步：确定单个资产收益率边际分布。

通常情况下，金融资产的收益率时间序列往往不服从正态分布，其呈现出一定的尖峰、厚尾、时变、偏斜以及聚集特征。经典的极值理论虽然直接研究金融资产收益率分布的尾部，但缺点在于其假设资产收益率是独立同分布的，忽略了金融资产收益率时间序列的时变特征。

在经典的金融理论中，对资产收益率最基本的假定是服从几何布朗运动：

$$\frac{dS}{S} = \mu dt + \sigma d\omega \qquad (4-6)$$

其中，S 代表资产的价格，μ 为资产的连续复利收益率，σ 是收益率的波动率，$d\omega$ 为标准布朗运动。由伊藤引理，

$$d\ln S = \left(\mu - \frac{\sigma^2}{2}\right)dt + \sigma d\omega \qquad (4-7)$$

由式（4-7）可知，变量 $\ln S$ 服从广义 Winner 过程，

$$\ln S_T - \ln S_0 \sim N\left(\left(\mu - \frac{\sigma^2}{2}\right)T, \sigma\sqrt{T}\right) \qquad (4-8)$$

即假定收益率服从对数正态分布，若得到第 i 天的股价为 S_i，令

$$\mu_i = \ln\frac{S_i}{S_{i-1}} \qquad (4-9)$$

由此可知，连续复合收益率 μ_i 服从正态分布，由股价数据可以估计出相关参数值。

上述理论的缺陷在于未考虑到收益率方差和协方差的时变特征。从 20 世纪 80 年代起，学者们开始对收益率二阶矩的时变特性进行研究并建立了各种模型。经过数十年的不断发展，构建金融时间序列的一元模型在学术界已经非常成熟，能够较好地描述金融时间序列方差的时变特征的模型主要有自回归条件异方差（ARCH）模型和随机波动（SV）模型两类。同时，金融时间序列的条件分布往往呈现出波动的时变、偏斜、聚集、尖峰、厚尾等特性，而 ARCH 族模型和 SV 族模型都可以较好地描述金融时间序列的这些分布特性，进而可以较好地描述金融收益序列的条件边际分布。

Engle（1982）提出 ARCH 模型，主要用于刻画金融时间序列的条件二阶矩特征，模型通过条件异方差来描述金融资产收益率波动的聚集和时变特征。在近三十年的时间里，ARCH 模型及其各种衍生形式得到了学界的重视，理论研究成果不断涌现，成为现代计量经济学发展的一个重要分支。在众多的单变量 ARCH 模型中，最基本的还有 GARCH 模型、IGARCH 模型、EGARCH 模型等。本书主要使用 GARCH 模型。

GARCH 模型是 ARCH 模型的重要扩展，与 ARCH 模型相比，它具有更快的滞后收敛性，而且与 ARMA 模型有类似的结构特征，Bollerslev（1986）提出的 GARCH（p，q）模型可以表示为

$$
\begin{cases}
r_t = u + \varepsilon_t \\
\varepsilon_t = \sigma_t \xi_t \\
\sigma_t^2 = a_0 + \sum_{i=1}^{p} a_i a_{t-1}^2 + \sum_{j=1}^{q} \beta_j \sigma_{t-1}^2 \\
\xi_t \mid I_{t-1} \sim N(0,1)
\end{cases}
\tag{4-11}
$$

其中，r_t 为收益率序列，μ 为条件期望值，σ_t^2 为条件异方差项，ω 为随

机项，ε_t 为随机误差项，α 和 β 为条件异方差方程的系数。同时，金融收益序列的分布不仅具有时变波动率的特性，还经常呈现出偏斜、尖峰、厚尾等特征，残差的正态分布假设常被拒绝，因此人们提出用其他一些具有尖峰、厚尾特征的分布如 t 分布、GED 分布来替代正态分布，从而得到一系列扩展形式，如 GARCH – t 模型、GARCH – GED 模型等，其中最常用的模型是 GARCH – t 模型。在 GARCH – t 模型中，一般假设：

$$\sqrt{\frac{\nu}{\sigma_t(\nu-2)}} \cdot \varepsilon_t \,|\, I_{t-1} \sim t(\nu) \qquad (4-12)$$

实证研究表明，在资本市场特别是在股票市场中的大多数情况下，GARCH 模型已能非常好地描述金融资产收益率所具有的随时间波动的时变、聚集特征。其中 t – GARCH、GED – GARCH 等 GARCH 模型对金融资产收益率时间序列的描述通常情况下优于普通的正态 GARCH 模型，主要原因在于其能够较好地刻画收益率序列所具有的尖峰、厚尾等分布特性。本书中选用 t – GARCH（1，1）模型来描述金融收益序列的分布，模型表述为

$$\begin{cases} r_t = \mu + \varepsilon_t \\ \varepsilon_t = \sigma_t \xi_t \\ \sigma_t^2 = \omega + \alpha \varepsilon_{t-1}^2 + \beta \sigma_{t-1}^2 \\ \sqrt{\dfrac{\nu}{(\nu-2)}} \cdot \xi_t \,|\, I_{t-1} \sim t(\nu) \end{cases} \qquad (4-13)$$

其中，r_t 为收益率序列，μ 为条件期望值，σ_t^2 为条件异方差项，ω 为随机项，ε_t 为随机误差项，α 和 β 为条件异方差方程的系数，t_ν 为自由度为 ν 的正规化 t 分布。从上述模型可以看出，在 t – GARCH 模型中，股票的收益率服从 t 分布，在求出模型参数后，可以对原收益率序列做概率积分变换，从而方便下文使用 Copula 拟合其相关结构。

第二步：选择适当的 Copula 函数。

Copula 函数有许多种不同的类型族，常用到的有椭圆族和阿基米德族。椭圆族主要有两类比较重要的形式，即多元正态 Copula 函数和多元 t – Copula 函数。Nelson（1998）给出了多元正态 Copula 函数的定义，多元正态 Copula 函数的分布函数和密度函数的表达式分别为

$$C(u_1, u_2, \cdots u_n; \rho) = \Phi_\rho(\Phi^{-1}(u_1), \Phi^{-1}(u_2), \cdots \Phi^{-1}(u_n))$$

$$(4 - 14)$$

$$c(u_1, u_2, \cdots u_n; \rho) = |\rho|^{-\frac{1}{2}} \exp\left[-\frac{1}{2}\zeta^T(\rho^{-1} - I)\zeta \right] \quad (4 - 15)$$

其中，ρ 为对角线上的元素为 1 的对称正定矩阵，$|\rho|$ 表示与矩阵 ρ 相对应的行列式的值，Φ_ρ 表示相关系数矩阵为 ρ 的标准多元正态分布，$\Phi^{-1}(\cdot)$ 表示标准正态分布函数的逆函数；$\zeta_n = \Phi^{-1}(u_n)$，I 为单位矩阵。

一般情况下，多元正态 Copula 函数可以较好地拟合随机变量的相关特性。然而，多元正态 Copula 函数也存在诸多缺陷，主要表现为两个方面：一方面，多元正态 Copula 函数具有对称的相关性特征，因此无法捕捉到某些随机变量之间的非对称的相关特征；另一方面，多元正态 Copula 函数的尾部是渐进独立的，而实际中，当极端情况发生时，变量之间的相关性会发生很大的变化，因此，多元正态 Copula 函数常常会低估随机变量之间的尾部风险。

Nelson（1998）同时给出了多元 t – Copula 函数的定义，类似多元正态 Copula 函数，多元 t – Copula 函数的分布函数和密度函数的表达式分别为

$$C(u_1, u_2, \cdots u_n; \rho, \nu) = T_{\rho, \nu}(t_\nu^{-1}(u_1), t_\nu^{-1}(u_2), \cdots t_\nu^{-1}(u_n))$$

$$(4 - 16)$$

$$c(u_1, u_2, \cdots u_n; \rho, \nu) = |\rho|^{-\frac{1}{2}} \frac{\Gamma\left(\frac{\nu + N}{2}\right)\left[\Gamma\left(\frac{\nu}{2}\right)\right]^N \left(1 + \frac{1}{\nu}\zeta^{-1}\rho^{-1}\zeta\right)^{-\frac{\nu+N}{2}}}{\left[\Gamma\left(\frac{\nu + N}{2}\right)\right]^N \Gamma\left(\frac{\nu}{2}\right)\prod_{n=1}^{N}\left(1 + \frac{\zeta_n^2}{\nu}\right)^{-\frac{\nu+1}{2}}}$$

$$(4 - 17)$$

其中，ρ 为对角线上的元素为 1 的对称正定矩阵，$|\rho|$ 表示与矩阵 ρ 相对应的行列式的值，$T_{\rho,\nu}$ 表示相关系数矩阵为 ρ，自由度为 ν 的标准多元 t 分布，$t_\nu^{-1}(\cdot)$ 为自由度为 ν 的一元 t 分布的逆函数，即 $\zeta_n = t_\nu^{-1}(u_n)$。

Genest 和 Mackay（1986）给出了阿基米德 Copula 函数的定义，具体表达式为

$$C(u_1, u_2, \cdots u_n) = \varphi^{-1}(\varphi(u_1) + \varphi(u_2) + \cdots \varphi(u_n))$$

$$(4-18)$$

其中，函数 $\varphi(\cdot)$ 被称为阿基米德 Copula 函数的母函数，它满足以下两个条件：（1）$\sum_{n=1}^{N} \varphi(u_n) \leqslant \varphi(0)$；（2）对任意 $0 \leqslant u \leqslant 1$，有 $\varphi(1) = 0, \varphi'(u) < 0, \varphi''(u) > 0$，即 $\varphi(u)$ 是一个凸的减函数。阿基米德 Copula 函数由其母函数唯一确定。表 4-8 给出本书所用到的几类重要的阿基米德 Copula 函数及其母函数。

表 4-8　　　　　　　　几种常用的阿基米德 Copula 函数

名称	$C_\theta(\mu, \nu)$	$\varphi_\theta(t)$
Clayton	$[\max(\mu^{-\theta} + \nu^{-\theta} - 1, 0)]^{-1/\theta}$	$\dfrac{1}{\theta}(t^{-\theta} - 1)$
Gumbel	$\exp(-[(-\ln\mu)^\theta + (-\ln\nu)^\theta]^{1/\theta})$	$(-\ln t)^\theta$
Frank	$-\dfrac{1}{\theta}\ln\left(1 + \dfrac{(e^{-\theta\mu} - 1)(e^{-\theta\nu} - 1)}{e^{-\theta} - 1}\right)$	$-\ln\left(\dfrac{e^{-\theta t} - 1}{e^{-\theta} - 1}\right)$
Genest	$\{\max(1 - [(1 - \mu^{1/\theta})^\theta + (1 - \nu^{1/\theta})^\theta]^{1/\theta}, 0)\}^\theta$	$(1 - t^{1/\theta})^\theta$

从表 4-8 可以看出，阿基米德 Copula 函数具有如下三个特点：第一，阿基米德 Copula 函数具有对称的相关性特征；第二，阿基米德 Copula 函数具有较好的可结合性；第三，阿基米德 Copula 函数一般只有一个参数，因此，参数估计较为容易。

（二）实证分析

本章选择上海证券交易所的金融指数、能源指数以及工业指数

对上述 Copula – GARCH 模型进行实证分析。将价格 $\{P_{it}\}$ 定义为各种指数在每月最后一个交易日的收盘价，相应地将收益率 $\{R_{it}\}$ 定义为 $R_{it} = 100 \times \ln(P_{it}/P_{it-1})$，所选取样本的时间为 2003 年 8 月至 2010 年 5 月，表 4 – 9 给出了在第一个时间段内上述三种指数的基本数字特征，图 4 – 3 给出了样本观察值随时间的变化趋势。

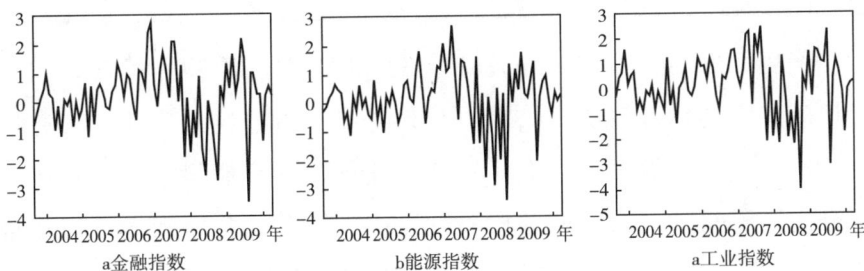

数据来源：Wind 金融资讯软件。

图 4 – 3 三种指数收益率随时间的变化趋势

表 4 – 9 三种指数收益率基本数字特征

项目	均值	标准差	偏度	峰度	J – B
金融指数	0.01681	0.11353	– 0.611	4.042	8.59
能源指数	0.01723	0.1209	– 0.751	4.11	11.63
工业指数	0.01341	0.10601	– 0.855	4.75	19.93

从表 4 – 9 可以看出，各种指数收益率的 J – B 指标均不为 1，意味着上述三种行业指数的收益率显著异于正态分布的假设。峰度均大于或接近于 3，说明具有尖峰特征，偏度均大于 0，说明收益率序列具有右偏特征。

1. 使用 t – GARCH（1，1）模型拟合三只指数收益率随时间的变化情况。

表 4 – 10 给出了 t – GARCH（1，1）模型对三种指数收益率进行拟合的结果。

表 4 - 10　　　　　　　　　t - GARCH 模型拟合结果

参数 指数	μ	α_0	α_1	β	ν	对数 似然值	k - s 统计量	k - s 概率值
金融指数	0.0046	0.00038	0.130	0.852	10.0	-1358	0.0251	0.817
工业指数	0.0019	0.00030	0.184	0.799	10.0	-1544	0.0019	0.705
能源指数	0.0182	0.00041	0.137	0.845	10.0	-1459	0.0182	0.618

运用 Kolmogorov - Smirno（K - S）检验方法检验经过概率积分变换后的序列是否服从 [0，1] 均匀分布，分析结果表明，没有理由拒绝"变换后的序列服从 [0，1] 分布"的零假设。同时对概率积分变换后的序列做自相关检验，发现变换后的各序列均不存在自相关，因此，变换后的各序列是独立的。上述 K - S 及自相关检验表明，t - GARCH（1，1）模型可以较好地描述各序列的边缘分布。在估计出边际分布的参数之后，就可得到下一期收益率 R_{T+1} 的条件分布：

$$\Pr(R_{T+1} \leq r \mid \Omega_t) = \Pr(\alpha_{T+1} \leq r - \mu \mid \Omega_t) = \Pr(\sigma_{T+1}\varepsilon_{T+1} \leq r - \mu \mid \Omega_t)$$

$$= \Pr\left(\varepsilon_{T+1} \leq \frac{r - \mu}{\sqrt{\alpha_0 + \alpha_1\alpha_t^2 + \beta\sigma_t^2}}\right) = t_\nu\left(\frac{r - \mu}{\sqrt{\alpha_0 + \alpha_1\alpha_t^2 + \beta\sigma_t^2}}\right)$$

$$(4 - 19)$$

其中，$t_\nu(\cdot)$ 为自由度为 ν 的 t - 分布，Ω_t 为时刻 T 为止的信息集。

2. Copula 函数的选择、参数估计及拟合优度检验。

Copula 函数种类繁多，不同的 Copula 函数能够刻画不同类型的相依特征。本书选择正态 Copula 函数、t - Copula 函数、frank - Copula 函数、Gumbel - Copula 函数、Clayton - Copula 函数五种 Copula 函数类型进行实证分析与比较。

Copula 函数的建模特点使其极适于采用多阶段参数估计法，本书的参数估计方法基于二阶段极大似然估计。

第一阶段，估计边际分布的参数 θ_1 :

$$\hat{\theta}_1 = \arg \max_{\theta_1} \sum_{t=1}^{T} \sum_{j=1}^{n} \ln f_j(x_{i,j};\theta_1) \qquad (4-20)$$

第二阶段，在估计出 $\hat{\theta}_1$ 的基础上，估计 Copula 函数的参数 θ_2 :

$$\hat{\theta}_2 = \arg \max_{\theta_2} \sum_{t=1}^{T} \ln c(F_1(x_{1t}),\cdots F_n(x_{nt});\theta_2,\hat{\theta}_1) \qquad (4-21)$$

在估计出参数后，需要对拟合优度进行检验，检验方法有以下两种：

（1）Kolmogorov – Smirno（K – S）检验。

K – S 检验的优点在于它是非参数或者是任意分布检验，揭示了经验分布与理论分布之间的差别，检验统计量定义为：

$$T = \max\{|F_n(x) - F(x)|\} \qquad (4-22)$$

其中，$F_n(x)$ 代表累积经验分布函数，$F(x)$ 代表理论分布函数。

（2）AIC（BIC）信息准则。

赤池信息准则是建立在信息度量基础上的判断方法，它被运用于检验极大似然估计的 Copula 模型，同时，也可以使用贝叶斯信息准则（BIC），但是它对过度估计的模型能给予更灵敏的反应。

$$AIC = -2\log(\max \cdot likelihood) + 2k \qquad (4-23)$$

$$BIC = -2\log(\max \cdot likelihood) + k\log(T) \qquad (4-24)$$

其中，k 是 Copula 模型参数个数，T 是样本个数，AIC（BIC）的值包含了模型和参数估计值对数据的反应，AIC（BIC）越小，该模型的拟合度越高。

根据得到的各样本收益率序列边缘分布对原序列做概率积分变换，使用变换后的数据进行第二阶段估计，表 4 – 11 和表 4 – 12 给出了 Copula 函数参数估计值及拟合优度检验结果。

表 4 – 11　　　　　　Copula 函数的参数估计及拟合优度检验

项目	参数值	似然值	AIC	BIC	K – S
t – Copula	见表 4 – 12	567. 48	4. 868597	31. 9563	0. 038 （0. 691）
N – Copula	见表 4 – 12	552. 92	4. 936241	25. 4877	0. 046 （0. 084）
Frank	7. 965	1028. 5	– 4. 935882	– 7. 2681	0. 047 （0. 096）
Gumbel	6. 123	608. 95	– 5. 131403	– 7. 3742	0. 020 （0. 232）
Clayton	2. 737	889. 42	– 4. 790574	– 6. 9798	0. 32 （ < 0. 001）

注：K – S 指标括号内为指标的 p。

表 4 – 12　　　　　　　　Copula 函数相关系数矩阵

N – Copula 函数相关系数矩阵				t – Copula 函数相关系数矩阵（自由度 ν 为 4. 255）			
	金融	能源	工业		金融	能源	工业
金融	1	0. 9373	0. 9653	金融	1	0. 9642	0. 9638
能源	0. 750	1	0. 969	能源	0. 9642	1	0. 9670
工业	0. 8227	0. 969	1	工业	0. 9638	0. 9670	1

　　分析表 4 – 11，从 K – S 指标上看，除 Clayton Copula 函数外，其余四种 Copula 函数的 K – S 指标通过了 5% 的显著性水平检验。其中，t – Copula 函数 K – S 指标的 p 值最大，这表明与其他四种 Copula 函数相比，它能更好地拟合真实的经验分布，但是 AIC 及 BIC 指标却支持 Gumbel – Copula 函数，可能的原因是 t – Copula 函数需要估计七个变量值，另外，阿基米德 Copula 函数一般只适宜于刻画两个变量的相依结构，对描述多变量的相依结构意义不大。因此，本书最终选择 t – Copula 函数作为下一步随机数模拟的生成函数。

　　3. 蒙特卡洛模拟生成未来情景。在完成了 Copula 模型参数估计后，下一步任务是利用蒙特卡洛方法生成满足选定 Copula 函数下各种指数未来收益率情景。基于 t – Copula – GARCH 模型的情景生成方法分为以下几个步骤：

　　（1）求出相关矩阵 $\sum$ 的 Cholesky 分解矩阵 A，即 $A^T A = \sum$；

　　（2）生成服从 $N（0，1）$ 的相互独立的随机变量 z_1, z_2, z_3；

（3）生成服从 χ_ν^2 且独立于 (z_1, z_2, z_3) 的随机变量 α；

（4）令 $b = Az, z = (z_1, \cdots z_3)^T$；

（5）令 $c = \dfrac{\sqrt{\nu}}{\sqrt{a}} b$，（$\nu$ 代表 Copula 函数的自由度）；

（6）$u_k = t_\nu(c_k)(k = 1, \cdots 3)$，$t_\nu$ 表示自由度为 ν 标准 t 分布函数；

（7）$x_k = F_k^{-1}(u_k)(k = 1, 2, 3)$，其中 $F_k^{-1}(\cdot)$ 为 k 种指数条件边际分布的反函数；

（8）反复进行步骤（2）～（7），生成多组收益率情景。

第二节　情景树的构建

作为输入变量的情景树对随机规划模型的有效性至关重要。现有研究对情景树的构建方法做过很多努力，例如，Mulvey et al（1994）使用模拟技术来生成固定收益证券组合的未来利率情景树，该方法基于一个精细网格模型，从而有效地降低了情景树的套利机会。Carino et al（1998）通过集群算法抽取有代表性的节点，能够避免随机抽样方法中需要大量随机抽样才能获取一定精确度的困难，这种方法与下面所讲的调整随机抽样法有很大的相似之处。Pfug et al（1998）使用基于矩匹配的优化方法来为随机规划模型产生未来情景树。稀疏的情景树并不能很好地代表资产收益率的真实分布情况，从而使随机规划产生较大的误差；生成稠密的情景树虽然可以降低误差、提高精度，但也会使规划问题的求解难度呈爆炸式增长，产生所谓的"维数灾难"问题。因此，如何构建合适的情景树成为决定随机规划问题有效性的关键因素。构建情景树的方法很多，本节主要介绍四种方法：随机抽样法、调整随机抽样法、矩匹配法、聚类分析法。

一、随机抽样法

随机抽样法是指使用蒙特卡罗模拟方法随机生成未来的多个收益率情景。Kouwenberg（2001）使用了一个向量自回归模型拟合资产组合收益率的随时间变化情况，并使用该模型随机生成未来 10 个情景，在前一个阶段情景的基础上再随机生成下一个阶段的 10 个情景，将该方法生成的情景树用于养老金资产负债管理随机规划模型中。Kouwenberg（2001）发现，通过随机抽样法构造的情景树会导致优化模型得到的决策变量非常不稳定，随机抽样时每个节点上的投资组合策略、养老金的缴费水平存在一定的波动。原因在于使用随机抽样方法来生成稀疏的未来情景并不能非常好地代表资产组合收益率真实概率分布，处理上述问题最有效的方法就是增加每期生成节点的个数，然而，如果每期节点都增加，会使总节点个数呈几何级数状态增长，从而大大增加随机规划问题的难度。随机抽样的另一个缺点是生成的情景存在套利机会（Klaassen，1997）。

二、调整随机抽样法

调整的随机抽样可以降低上述简单随机抽样方法所带来的一些误差问题。首先，假设情景数的节点的个数为偶数，并使用对立抽样方法来生成各节点收益率的随机数。例如，假设某个节点下有 10 个子节点，首先使用 VaR 模型生成误差项的 5 个随机向量，剩余 5 个随机向量的误差项为上述生成的 5 个误差项的相反数，通过这种方法，模型的抽样误差会通过不断改变的方式得到不断的调整。其次，重新计算调整抽样值，使其与方差相匹配。Kouwenberg（1998）将上述两种方法应用于荷兰养老金的资产负债管理，通过比较发现，调整的随机抽样方法会使养老金的收益降低，风险增加。

三、矩匹配法

矩匹配构建情景树的基本思想是，通过使生成的资产收益率情景能够与其历史数据的某些统计特征相符合，以此来产生符合随机规划模型需要的资产组合收益率未来情景。之所以称为矩匹配，是因为在实际应用中常常用资产收益率历史数据前几阶矩作为拟合的目标统计属性。一般来说，只要使生成的收益率情景能够拟合历史数据的前四阶中心矩（均值、方差、偏度、峰度），就可以基本满足矩匹配的要求。Hoyland 和 Wanacelz（1999）给出了求解矩匹配问题的方法，该方法基于一个非线性优化模型，模型可表达为如下优化问题：

$$\min \sum_{i \in S} \omega_i \left(f_i(x,p) - S_{VAL_i} \right)^2$$

$$s.t \sum Mp = 1$$

$$\sum_{s=1}^{N} p^s = 1 \qquad\qquad (4-25)$$

$$p \geq 0$$

其中，x 代表由资产收益率构成的各种可能集合，p 代表各种情景可能发生的概率，S 代表选择的资产收益率的各种历史统计特征，$f_i(x,p)$ 代表统计特征 i 关于 x 和 p 的函数，S_{VAL_i} 代表统计特征 i 的目标值，M 为单位矩阵，p^s 代表决策主体对特定统计特征 i 所赋予的权重，N 代表情景树上所有节点的个数。

Hoyland et al（1993）优化模型的决策变量为未来各种情景下的资产收益率和其对应的概率，而目标函数和约束条件能够保证所得到的情景树具有要求的统计性质，因此，它是一个很大的模型。但是，该模型也存在许多不足：其一，它的位数很大，特别是当资产类别较多时；其二，是一个非线性优化问题，求解时间困难，还可能出现局部最优化和全局最优化不一致的问题；其三，目标函数只考虑了可以量化的统计特征，有些描述性特征不能得以体现，比如收益率的多峰及单峰分布在许多统计特征上是一致的，但对决策问题造成了一定的影响。Kouwenberg（1998）通过一个递推算法使问题的求解时间大大降低，假设资产收益率的分布是非路径依赖的，这种假设在长期限的资产负债管理中是非常有用的。

四、聚类分析法

聚类分析法是指按照一定的统计特征将对象进行有效分类的方法。能够把事物按其相似程度进行分类，使同一类对象具有高度的相似性，即所谓物以类聚。聚类分析主要用于解决科学研究中的多指标、多因素的分类问题，自诞生以来取得了长足发展，被广泛应用于自然科学和社会科学研究的方方面面。聚类的对象可以是变量集也可以是样本集，聚类时，可以按照距离远近将变量（或样本）分成若干类。距离的种类很多，其中欧式距离在聚类分析中用得最广，它的表达式如下：

$$d_{ij} = \sqrt{\sum_{k=1}^{m} (X_{ik} - X_{jk})^2} \qquad (4-26)$$

其中，X_{ik} 表示第 i 个样品的第 k 个指标的观测值，X_{jk} 表示第 j 个样品的第 k 个指标的观测值，d_{ij} 为第 i 个样品与第 j 个样品之间的欧式距离。若 d_{ij} 越小，那么第 i 与第 j 两个样品之间的性质就越接近。性质接近的样品就可以划为一类。

当确定了样品之间的距离后，就要对样品进行分类。分类的方法很多，主要有系统聚类法、K－Means 聚类法、模糊聚类法、图论聚类法、动态聚类法及主成分聚类法。本节只介绍 K－Means 聚类法，它是聚类分析中应用最广泛的一种方法。K－Means 聚类法也称为快速聚类法，它是一种执行效率高、反复迭代的方法，其核心步骤为：

（1）指定聚类数目 K，即首先确定将样本聚成几种不同的类型。

（2）选择 K 个有代表性的样本作为初始点。

（3）将所有样本根据距离最近原则进行分类，依次计算每个样本到各个初始点的欧式距离，按照距离最短原则将所有样本进行分类，形成 K 种不同的类型。

（4）计算各类型中所要样本的均值，并以均值点作为该类的中心点。

（5）判断是否已满足终止聚类的条件。即检查新的中心点是否与旧的中心点重合。如果重合，则程序结束，将 K 个新中心点作为情景树的 K 个情景收益；如果不重合，则转步聚（3）。

聚类分析终止的条件有两个：一是当目前迭代的次数等于指定的迭代次数时；二是新确定的类中心点距上各类中心点的最大偏移量小于指定的量时。可见，K – Means 聚类法是一种快速反复迭代的方法，在聚类过程中，样本所属的类会不断调整，直到最终达到稳定为止。

K – Means 聚类方法能够把大量随机生成的未来收益率数据根据某种测度准则进行聚类，从中选取最具代表性的资产收益率情景，并分配此类情景发生的概率。与其他三种方法相比，K – Means 聚类法在构建多个资产收益率情景树时有以下几个优点：第一，情景分散较为均匀，各种情景的发生概率之间不存在很大的差距；第二，K – Means 聚类法分析得到的资产收益率情景能够更好地拟合历史数据，虽然矩匹配方法能够较好地拟合资产收益率的各阶矩，但是矩匹配可能会给未来的某些情景分配零概率，从而导致有意义的情景树分支不够均匀。因此，本书在构建情景树时使用 K – Means 聚类法。

五、K – means 聚类法构建情景树实例

下面使用第二节的向量自回归模型和 Copula – GARCH 模型生成

未来资产组合收益率情景，并使用 K - Means 聚类法对这些情景进行聚类，最终形成一个结构为 1 - 3 - 3 - 2 的三阶段情景树。具体的步骤为：

（1）使用 VaR 模型或 Copula - GARCH 模型随机生成 1000 个未来资产组合收益率的情景。

（2）使用 SPSS 软件对上述 1000 个收益率情景进行 K - Means 聚类，得到未来三个有代表性的情景及其对应的概率。

（3）在前一个阶段情景生成的基础上，把前一个阶段生成的情景值作为已知量代入 VaR 模型或 Copula - GARCH 模型，随机生成下一个阶段 1000 个收益率情景，并对其做 K - Means 聚类，以此类推形成一个资产收益率情景树，见图 4 - 4。

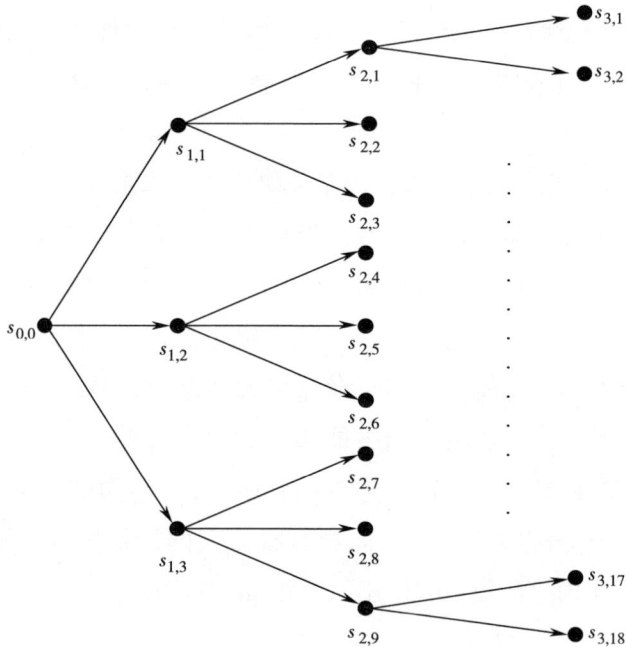

图 4 - 4 资产收益率情景树

表 4 – 13 及表 4 – 14 分别给出了两种模型生成的情景树及其对应的资产（或指数）收益率及条件概率。

表 4 – 13 　　　　　　　VaR 模型生成的情景树

节点	银行存款利率	债券收益率	股票收益率	条件概率
1，1	0.34	0.053	0.18	0.298
1，2	0.41	0.072	− 0.176	0.476
1，3	0.03	0.042	0.087	0.226
2，1	0.045	0.031	0.162	0.298
2，2	0.04	0.072	− 0.172	0.476
2，3	0.051	0.0465	0.0864	0.226
2，4	0.037	0.061	0.054	0.268
2，5	0.052	0.047	0.143	0.425
2，6	0.045	0.65	− 0.02	0.307
2，7	0.047	0.041	0.211	0.367
2，8	0.037	0.0453	− 0.01	0.167
2，9	0.043	0.054	0	0.466
3，1	0.415	0.404	− 0.0875	0.462
3，2	0.587	0.0764	0.143	0.538
3，3	0.0412	0.0557	0.175	0.278
3，4	0.0532	0.0683	− 0.0986	0.722
3，5	0.0311	0.0471	0.176	0.417
3，6	0.0367	0.0653	0.123	0.583
3，7	0.046	0.0318	− 0.096	0.379
3，8	0.0379	0.0512	0.287	0.621
3，9	0.045	0.0364	0.175	0.287
3，10	0.052	0.0612	0.001	0.713
3，11	0.047	0.042	0.212	0.276
3，12	0.036	0.0512	− 0.124	0.724

续表

节点	银行存款利率	债券收益率	股票收益率	条件概率
3，13	0.0245	0.0432	0.0954	0.458
3，14	0.0432	0.0451	− 0.165	0.542
3，15	0.0364	0.0312	0.0964	0.376
3，16	0.0367	0.0653	− 0.165	0.624
3，17	0.03128	0.0412	0.135	0.621
3，18	0.521	0.587	0.0921	0.379

表 4 – 14　　　　　　　　Copula – GARCH 模型生成的情景树

节点	能源指数	金融指数	工业指数	条件概率
1，1	− 0.131	0.041	0.011	0.343
1，2	0.123	0.07	− 0.012	0.373
1，3	0.031	− 0.122	0	0.284
2，1	− 0.0095	0.035	0.081	0.34
2，2	0.013	− 0.009	− 0.021	0.375
2，3	0.0125	− 0.0121	− 0.007	0.285
2，4	0.15	− 0.04	0.005	0.268
2，5	− 0.041	0.12	− 0.063	0.425
2，6	− 0.095	0.061	0.027	0.307
2，7	0.091	− 0.08	− 0.021	0.367
2，8	0.043	− 0.062	0.021	0.167
2，9	− 0.083	0.04	0.04	0.466
3，1	0.04	0.13	0.02	0.308
3，2	− 0.13	− 0.03	− 0.01	0.308
3，3	0.08	− 0.07	0	0.384
3，4	− 0.131	0.034	0	0.363
3，5	0.112	0.096	0.034	0.329
3，6	0.043	− 0.137	− 0.035	0.308
3，7	0.126	0.084	0.013	0.332

节点	能源指数	金融指数	工业指数	条件概率
3, 8	-0.116	0.03	0	0.364
3, 9	0.03	-0.131	0.02	0.304
3, 10	-0.126	0.01	0	0.328
3, 11	0.08	0.11	0.035	0.333
3, 12	0.09	-0.106	-0.028	0.339
3, 13	-0.023	0.146	0.037	0.312
3, 14	0.135	-0.052	0.065	0.542
3, 15	-0.113	-0.051	-0.012	0.376
3, 16	-0.116	0.028	0.063	0.361
3, 17	0.064	-0.104	0.021	0.32
3, 18	0.094	0.116	-0.027	0.319

第三节　情景树无套利的判别和排除

一、无套利假设

套利是指存在这样的投资机会：以零成本或负成本可以在未来获得正的收益。如果资本市场满足有效性假设，套利机会将会转瞬即逝，可以认为不存在套利机会。然而使用上述方法构建的情景树可能存在这种套利机会，Klaassen（1997）最早发现在情景树生成时可能存在一定的套利机会，该研究同时证实，如果情景树存在套利机会，那么随机规划的结果将会是有偏差的，因此，必须消除情景树上的套利机会。Hoyland et al（1993）提出了一种基于非线性规划方法的情景树生成技术，这种方法既能生成有限个离散情景，同时又满足了指定的统计特性。Klaassen（1997）指出，Hoyland et al（1993）的方法可能会导致情景树存在套利机会，Klaassen（1997）

给出了解决情景树中的套利机会的方法。另外，Brennan et al（1997）、Carino et al（1994）以及 Consiglio et al（1997）都对经济情景生成问题构建了各种不同的模型。这些模型对经济情景不进行详细的建模，在利率依赖性负债及公司战略决策给定的情况下，这种省略不会产生很大的偏差。

评估有价证券价值的一个核心概念即构建所谓的复制策略。例如，考虑一个包括一只股票及其欧式看涨期权的投资组合，其中，股票现价为 S，看涨期权价格为 p，期权执行价格为 X，到期日为 T。假设该股票不支付股息，无风险资产的收益率为 r。可以证明，上述组合在 T 时刻的价值与另一个投资于无风险证券和看涨期权的组合价值相等，其中，无风险证券的投资金额为 $\exp(-rT)X$，看涨期权的执行价格为 X，到期日为 T，因为两个组合在 T 时刻获得相同的支付，因此，在 t 时刻，它们的价格应该相等。上述欧式看涨期权的价格必须满足下面的等式，即所谓的期权平价关系：

$$p + S = \exp[-r(T-t)]X + c \qquad (4-27)$$

如果具有相同敲定价格的欧式看涨期权和看跌期权不存在上述平价关系，那么就会存在套利机会，即可以通过构建一个复制策略得到无风险的收益。无套利是金融市场理论的一个基本假设，即使市场偶然存在套利机会，也会被投资者迅速发现并通过套利而马上消除。

情景树存在套利机会的原因在于构建情景树时所产生的近似误差，而误差产生的原因在于情景树上的节点往往并不能完全真实地反映资产组合收益率未来的概率分布。例如，上述随机抽样方法使用有限的随机抽样可能并不能真实地反映收益率分布；矩匹配方法只关注前四阶的匹配，而忽视更高阶的匹配，K – Means 聚类方法同样也会由于对样本的聚类而对样本收益率的真实分布产生一定的近似误差。

二、无套利的判别

Harrison 和 Kreps（1979）给出了无套利存在的充分必要条件：

定理 4 - 1：无套利存在的充分必要条件是存在如下正的概率测度 $p^l > 0$，使

$$\sum_{l \in \Omega} p^l \frac{P_{1i}^l + F_{1i}^l}{P_{0i}} = \sum_{l \in \Omega} p^l \frac{P_{11}^l + F_{11}^l}{P_{10}}, i = 1, 2, \cdots m \quad (4 - 28)$$

其中：

m 代表存在的 m 种证券；

P_{0i} 代表第 i 种证券的初始价格；

P_{1i}^l 代表第 $l \in \Omega$ 种情景下第 i 种资产的最终价格；

F_{1i}^l 代表第 $l \in \Omega$ 种情景下第 i 种资产的收益；

Ω 代表未来可能的经济情景。

如果令资产 $i = 1$ 为无风险债券，期连续收益率为 r，上述条件变为

$$P_{0i} = e^{-r} \sum_{l \in \Omega} p^l (P_{1i}^l + F_{1i}^l), i = 1, 2, \cdots m \quad (4 - 29)$$

如果 r 在所有生成的情景所构成的凸包内，就不存在套利机会。否则存在套利机会，同时，由式（4 - 29）还可知，如果存在 m 种初始资产，至少需要构造 m 个情景来满足资产组合的无套利条件，对于一个情景树来说，这意味着对每一个父节点都需要至少 m 个子节点来代表资产的条件概率分布。

在实际计算过程中，由四舍五入所产生的合入误差（round off errors）在很多情况下都会使定理 4 - 1 的条件不成立。Naik（1995）给出了一个另一种无套利条件，该方法考虑了资产的要价（ask price）和成交价（bid price）之间的差异，这种方法更容易检验资产组合是否存在套利机会。

定理 $4-2$：假设资产 i 在零时刻的要价为 P_{0i}^a，最终的成交价为 P_{0i}^b，且有 $P_{0i}^b \leqslant P_{0i}^a$。证券 $i=1$ 为无风险债券，收益率为 r。无套利存在的充分必要条件为存在一个正的概率测度 $p^l > 0$，使

$$P_{0i}^b \leqslant e^{-r} \sum_{l \in \Omega} p^l (P_{1i}^l + F_{1i}^l) \leqslant P_{0i}^a, i = 1, 2, \cdots m \qquad (4-30)$$

一旦完成了情景树的构建，就可以通过定理 $4-1$ 或定理 $4-2$ 来检查一下情景树是否存在套利机会。如果生成的情景存在套利机会，则可以考虑使用某种方法将该套利机会排除。

三、无套利的排除

当生成的情景树存在套利机会时，就应该使用某种技术将套利机会排除。Klaassen（1998）提出了一种聚合方法，它由一个包括所有可能利率情景的完全非重合利率情景开始，通过不断递推，在一段特定时期一组节点将会被一个聚合节点所取代，同时保持情景树的无套利性。Gondzio（1999）通过构建一个精细网格（fine - Grained）来消除情景树套利机会的存在，然后使无套利条件在各个子情景树中实现。Klaassen（1994）研究了一个债券组合的管理问题，其中债券的价格由一个单因素的利率期限结构模型计算得到。首先生成一个单因素利率模型二项式格，网格与初始的债券价格保持一致，所以不存在套利机会。然而，为了准确计算债券及其他利率敏感性证券的价格，其网格由许多小的时间步长组成。

消除情景树套利机会的另一种方法见魏法明（2008），如果情景树上确实存在套利机会，可以通过增加一个情景，从而使无风险利率水平位于变化后的情景组合构成的凸包内。具体来说，如果已知 S 个情景存在套利机会，那么加入的第 $S+1$ 个情景 $(r_1^{S+1}, r_2^{S+1}, \cdots, r_n^{S+1})$ 可通过求解以下的优化问题来得到。

$$\min\lambda$$

$$s.\,t.\,r \;=\; \sum_{s=1}^{S} p^s r_i^s + p^{s+1} r_i^{S+1}, i = 1,2,\cdots n$$

$$\left| r_i^{S+1} - \bar{r}_i \right| \leqslant \lambda, i = 1,2,\cdots n \tag{4-31}$$

$$\lambda \geqslant 0$$

$$\sum_{s=1}^{S} p^s + p^{S+1} = 1$$

$$p^{S+1} > 0$$

$$p^s > 0, s = 1,2,\cdots S$$

上述模型的目的：首先，该模型保证能够通过增加一个情景来消除现有情景树上可能存在的套利机会；其次，该模型能够使增加的情景 $(r_1^{S+1}, r_2^{S+1}, \cdots, r_n^{S+1})$ 与资产收益率历史均值 $\bar{r} = (\bar{r}_1, \bar{r}_2, \cdots, \bar{r}_n)^T$ 的距离最小。需要注意的是，上述模型是一个非线性规划模型，求解较为麻烦，一般情况下，可以通过某种简单的变形使上述非线性规划问题转变为线性规划模型。

$$r = \sum_{s=1}^{S} p^s r_i^s + p^{s+1} r_i^{S+1} \Leftrightarrow r_i^{S+1} = \frac{1}{1 - \sum\limits_{s=1}^{S} p^s} r + \sum_{s=1}^{S} \frac{-p^s}{1 - \sum\limits_{s=1}^{S} p^s} r_i^s$$

$$\tag{4-32}$$

$$令\ \hat{p}^0 = \frac{1}{1 - \sum\limits_{s=1}^{S} p^s}, \hat{p}^s = \frac{-p^s}{1 - \sum\limits_{s=1}^{S} p^s} \tag{4-33}$$

通过上述变换，模型可以改写为

$$\min\lambda$$

$$s.\,t.\,r_i^{S+1} = \sum_{s=1}^{S} \hat{p}^s r_i^s + \hat{p}^0 r, i = 1,2,\cdots n$$

$$\left| r_i^{S+1} - \bar{r}_i \right| \leqslant \lambda, i = 1,2,\cdots n \tag{4-34}$$

$$\lambda \geqslant 0$$

$$\sum_{s=1}^{S} \hat{p}^s + \hat{p}^0 = 1$$

$$\hat{p}^0 > 1$$

$$p^s < 0, s = 1,2,\cdots S$$

通过求解上述线性规划模型，可以得到所添加的第 S + 1 个情景资产组合的收益率（$r_1^{S+1}, r_2^{S+1}, \cdots r_n^{S+1}$），及各种情景可能发生的风险中性概率。需要注意的是，上述风险中性概率测度并不是现实中情景的发生概率，由聚类得到的原情景的概率在添加了新情景之后也发生了偏离，因此需要重新计算情景的发生概率。

虽然无套利条件对情景树的构建非常重要，但也是情景树的最低要求。即使情景树不存在套利机会也并不意味着它能够非常好地模拟各种资产未来的收益率状况。因此，仍需高度关注情景树上的节点是否能够非常好地代表资产组合收益率的概率分布。为了降低各种情景树过大所产生的计算困难，需要减少情景树的阶段，通过这种方法，就可以通过生成更多的节点来更准确地代表未来资产收益率的分布状况。同时，由于生成节点的不同阶段对模型产生的影响存在很大区别（Carino 和 Ziemba，1998），因此，为了使决策更加准确，最优的策略应该是在最先的几个阶段生成较多的节点，而在后续阶段生成较少的节点，因为节点所处的阶段越靠前，其对决策的影响也越大，节点靠后，则对决策的影响较小。

四、多阶段无套利情景树构建实例分析

基于 K – Means 聚类法的多阶段无套利情景树生成方法可以使用流程图描述，见图 4 – 5。

下面使用 VaR 模型和 Copula – GARCH 模型生成未来资产组合收益率情景，使用 K – Means 聚类法对这些情景进行聚类，对其进行无套利检验并排除可能存在的套利机会，最终形成一个 1 – 4 – 4 二阶段无套利情景树。具体的步骤为：

（1）使用 VaR 模型或 Copula – GARCH 模型随机生成 1000 个未来资产组合收益率的情景。

（2）使用 SPSS 软件对上述 1000 个未来资产组合收益率的情景

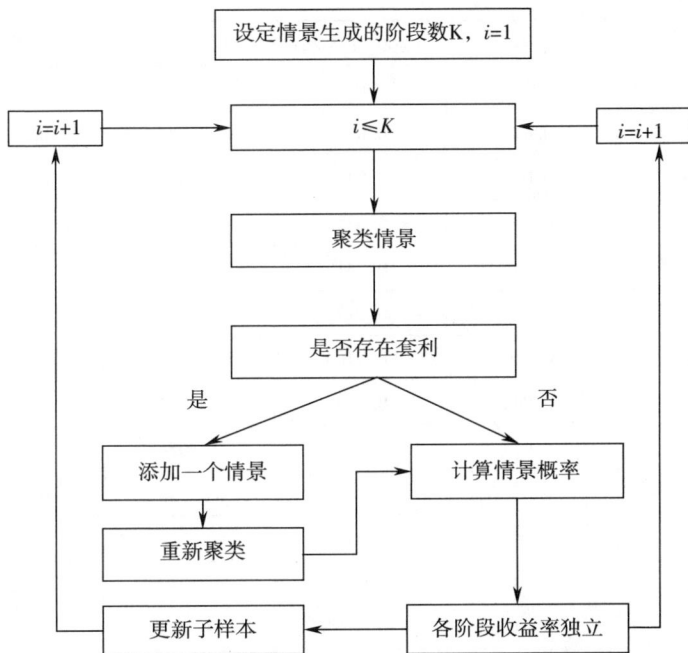

图 4 – 5　基于 K – Means 聚类法的多阶段无套利情景生成流程

进行 K – Means 聚类，得到未来三个有代表性的情景及其对应的概率。

（3）使用定理 4 – 1 对上述情景进行无套利检验，如果不存在套利机会，情景不作改变；如果存在套利机会，则使用优化模型（4 – 34）通过添加一个情景消除套利机会。

（4）重新计算添加情景后各种情景的发生概率。

（5）重复（1）～（3），在前一个阶段情景生成的基础上，把前一个阶段生成的情景值作为已知量生成下一个阶段的无套利情景，以此类推，最终形成一个不存在套利机会的情景树。

表 4 – 15 和表 4 – 16 分别给出了两种模型生成的二阶段无套利情景树。

表 4 – 15 VaR 模型生成的无套利情景树

节点	银行存款利率	债券收益率	股票收益率	条件概率
1，1	0.34	0.053	0.18	0.330995
1，2	0.41	0.072	− 0.176	0.341668
1，3	0.03	0.042	0.087	0.25844
1，4	0.46	0.035	− 0.216	0.068897
2，1	0.045	0.031	0.162	0.24375
2，2	0.04	0.072	− 0.172	0.27075
2，3	0.051	0.0465	0.0864	0.24388
2，4	0.043	0.047	− 0.063	0.24162
2，5	0.037	0.061	0.054	0.286738
2，6	0.052	0.047	0.143	0.346081
2，7	0.045	0.65	− 0.02	0.15197
2，8	0.037	0.0358	0.01	0.215211
2，9	0.047	0.041	0.211	0.287672
2，10	0.037	0.0453	− 0.01	0.28182
2，11	0.043	0.054	0	0.373632
2，12	0.043	0.031	0.094	0.056876
2，13	0.051	0.042	0.034	0.303009
2，14	0.043	0.0356	− 0.036	0.290444
2，15	0.032	0.051	0.083	0.304776
2，16	0.043	0.053	0	0.101771

表 4 – 16 Copula – GARCH 模型生成的无套利情景树

节点	能源指数	金融指数	工业指数	条件概率
1，1	− 0.131	0.041	0.011	0.3087
1，2	0.123	0.07	− 0.012	0.343533
1，3	0.031	− 0.122	0	0.259008
1，4	0.277	0	0.022	0.088759
2，1	− 0.0095	0.035	0.081	0.24375
2，2	0.013	− 0.009	− 0.021	0.2451

续表

节点	能源指数	金融指数	工业指数	条件概率
2，3	0.0125	−0.0121	−0.007	0.2546
2，4	0.027	−0.011	−0.011	0.25655
2，5	0.15	−0.04	0.005	0.27937
2，6	−0.041	0.12	−0.063	0.27892
2，7	−0.095	0.061	0.027	0.12191
2，8	0	0.017	0.0254	0.3198
2，9	0.091	−0.08	−0.021	0.11704
2，10	0.043	−0.062	0.021	0.30184
2，11	−0.083	0.04	0.04	0.34944
2，12	0	0.071	0	0.23168
2，13	0.131	−0.094	0	0.300048
2，14	0.112	0.096	−0.034	0.13244
2，15	−0.043	0.137	−0.191	0.28552
2，16	0.017	0	0.045	0.281992

第四节　本章小结

使用多阶段随机规划模型时，资产收益率未来情景为模型提供关键的输入变量，决定模型的有效性。本章使用向量自回归模型（VaR 模型）和 Copula – GARCH 模型两种方法生成未来情景。使用 VaR 模型生成资产组合收益率的未来情景在统计意义上较为可靠，其情景的累计概率分布更接近于历史数据。此外，VaR 模型能很好地反映变量不同决策阶段的相关性，是一种优良的情景生成技术；Copula 模型的优势在于它能够将资产组合收益率的边际分布和相关关系分开考虑，从而增强了金融建模的灵活性。一方面，本章使用 GARCH 模型准确地描述金融资产收益率时间序列存在的不对称性、波动聚集效应及尖峰厚尾等特征；另一方面，可以使用 Copula 模型准确地把握资产收益率之间存在的非线性相关关系。

　　情景生成的另一个重要问题是构建情景树，本章通过比较随机抽样法、调整随机抽样法、矩匹配法、K－Means 聚类分析法四种情景树生成方法，最终使用 K－Means 聚类分析法构建情景树，该方法的优势情景分散较为均匀，各种情景的发生概率之间不存在很大的差距。情景树上可能存在套利机会。本章第三节对情景树的套利机会进行了论述，给出了套利机会存在的检验和排除方法，最后，使用 VaR 模型和 Copula－GARCH 模型，结合情景树套利机会检验和排除方法，生成了无套利机会的情景树。

第五章　负债情景的生成及负债价值评估

由于不同的金融机构及其业务的负债结构各不相同，很难使用统一的方法对其进行建模。保险公司的负债主要是由出售保险合同产生的，需要使用精算方法对未来的负债现金流出进行模拟及对其价值进行评估。

第一节　未来负债现金流模型

保险公司的负债由大量的个体保单组成，未来的负债流出和负债价值受许多不确定性因素的影响。在这种条件下，模拟方法对有复杂负债结构的资产负债管理显得特别有用，一个模拟模型必须能够抓住资产价值和负债价值之间复杂的相互作用，Goldstein et al（1982）的多阶段模拟模型尽可能准确地复制未来负债现金流出以增强负债估计的精确性。Boender（1997）为荷兰养老金资产负债管理模型设计出一套模拟系统，该模拟系统分为以下三个方面：首先，在死亡率、退休率、工作终止率等假设给定的情况下模拟养老金参与者的未来状况；其次，模拟工资增长的价值；最后，结合上述两个方面就可以模拟出未来养老金给付现金流。

保险公司面临的支出项主要包括死亡给付、退保给付、红利给付及费用支出。下面对这四种类型的支出模型分别进行讨论。

一、死亡给付

保险公司未来的保险金给付取决于保险公司在定价时的精算假设及过去的赔付经验，受资本市场变化的影响因素较少。未来的实际给付在数额和时间上往往与定价时的假设存在一定的偏差，这就会产生所谓的死亡率风险。死亡率风险主要是指实际死亡率超出预期的风险，造成这种风险的主要原因有两个：一是在定价时对死亡率概率分布的认识不够，造成这个问题的主要原因是由于未来的损失分布和过去的损失分布存在差异，而通常的精算方法以历史数据为基础进行测算，另外，历史数据不完全也会造成分布发生偏差；二是死亡率往往是围绕均值波动的，常常会偏离均值水平，而偏离的程度有时很难确定。

（一）死亡率的相关指标

考虑某个新生婴儿群，群体初始人数为 l_0，该群体活到 x 岁的人数为 l_x，群体在 x 岁到（$x+n$）岁死亡的人数为 $_nd_x = l_x - l_{x+n}$，则 l_x 在年龄 x 到（$x+n$）的死亡风险暴露数 $_nL_x$ 为

$$_nL_x = \int_0^n l_{x+t} d_t \qquad (5-1)$$

年龄段 $[x, x+n)$ 的中央死亡概率 $_nm_x$ 为

$$_nm_x = \frac{_nd_x}{_nL_x} \qquad (5-2)$$

而 x 岁的人在 x 到（$x+n$）岁死亡的概率为

$$_nq_x = \frac{_nd_x}{l_{x+n}} \qquad (5-3)$$

$_nq_x$ 与 $_nm_x$ 存在以下函数关系

$$_nq_x = \frac{n \times _nm_x}{1 + n(1 - _nf_x)_nm_x} \qquad (5-4)$$

式（5-4）中，$_nf_x$ 代表年龄段 $[x, x+n)$ 上死亡人口的平均尾龄，假设死亡在年龄段内均匀分布，则 $_nf_x = \frac{1}{2}$，死亡风险暴露数 $_nL_x$ 也可以表述为

$$_nL_x = n \times l_{x+n} + _nf_x \times _nd_x \qquad (5-5)$$

则 x 岁人的预期余命 $\dot{e}_x$ 为

$$\dot{e}_x = \frac{\sum_{i>x}{_nL_i}}{l_x} \qquad (5-6)$$

上述模型均假设死亡率随年龄变化，未考虑到死亡率随时间的变化。但是实际上，死亡率不仅与年龄因素有关，而且与时间因素也存在密切的关系。据统计，我国人口预期寿命从中华人民共和国成立时的 38 岁提高到当前的 74 岁，死亡率改进非常明显。随着我国居民生活水平的提高和医疗卫生条件的改善，居民的预期寿命普遍提高，死亡率改进将会越发明显。因此，需要将时间因素考虑到死亡率模型的构建中。

（二）模型的构建

死亡率模型的类型主要包括古典的确定型死亡率模型和现代的随机死亡率模型。在确定型死亡率模型中，比较经典的是 1729 年由 De Moivre 提出的生存曲线模型，死亡率表示为

$$\mu(x) = \frac{1}{\omega - x}, 0 \le x < \omega \qquad (5-7)$$

其中，ω 表示极限寿命，x 表示年龄。

确定型死亡率模型一般首先对死亡构建先验模型，然后依据经验数据确定模型的参数值，没有考虑未来死亡率变动的不确定性，因此很少用于预测未来死亡率。

最经典的随机死亡率模型是由 Lee 和 Carter（1992）提出的 Lee-Carter 模型，该模型的基本数学表达式为

$$\ln m_{x,t} = \alpha_x + \beta_x \kappa_t + \varepsilon_{x,t} \qquad (5-8)$$

其中，$m_{x,t}$ 为 x 岁的投保人在日历年 t 死亡的概率，α_x 为年龄效应，β_x 代表死亡率的改进，κ_t 为随机时间效应，时间效应 κ_t 一般被认为符合 ARIMA 过程。

由于等式（5-8）的右边都是需要估计的参数，没有自变量，因此，无法使用回归方法估计上述模型的参数。Lee 和 Carter（1922）建议使用奇异值分解方法估计上述参数值，Renshaw 和 Haberman（2003）给出了奇异值分解技术的具体步骤：

（1）计算年龄效应 α_x：

$$\alpha_x = \frac{1}{h} \prod_{t=t_1}^{t=t_h} \ln m_{x,t} \qquad (5-9)$$

（2）计算矩阵 $z_{x,t}$，并使用奇异值分解技术分解 $z_{x,t}$：

$$z_{x,t} = \ln m_{x,t} - \alpha_x = \sum_{i=1}^{r} s_i \mu_i(x) v_i(t), r = \min(h,k) \quad (5-10)$$

其中，s_i 和 $\{\mu_i(x), v_i(t)\}$ 分别代表对矩阵 $z_{x,t}$ 进行奇异值分解后得到的奇异值和左右奇异矩阵。

（3）使用下面的方程组求解序列 β_x, κ_t：

$$\begin{cases} \beta_x \kappa_t = s_1 \mu_1(x) v_1(t) \\ \sum\limits_{t=t_1}^{t=t_n} \kappa_t = 0 \\ \sum\limits_{x=x_1}^{x=x_k} \beta_x = 1 \end{cases} \qquad (5-11)$$

由式（5-10）和式（5-11）可知，式（5-8）的残差项 $\varepsilon_{x,t}$ 可表述为

$$\varepsilon_{x,t} = \sum_{i=2}^{r} s_i \mu_i(x) v_i(t) \qquad (5-12)$$

（4）对时间效应 $\hat{\kappa}_t$ 进行二次调整，以便使日历年的预期死亡人数和实际死亡人数相等，调整的公式为

$$\sum_{x=x_1}^{x=x_k} d_{x,t} = \sum_{x=x_1}^{x=x_k} e_{x,t} \exp(\hat{\alpha}_x + \hat{\beta}_x \hat{\kappa}_t), \forall t \qquad (5-13)$$

（5）利用时间序列模型 ARIMA（m，q，n）对经过二次调整后的 $\hat{\kappa}_t$ 进行建模，并预测其在未来年份的值。

（6）根据 $\hat{\kappa}_t$ 的预测值，利用 Lee – Carter 模型对未来年份的中心死亡率 $m_{x,t}$ 进行预测。

Lee – Carter 模型主要有以下两个缺陷：第一，其假设误差项 $\varepsilon_{x,t}$ 为同方差，然而这种假设往往与真实不符，对于高年龄段的被保险人来说，由于其死亡的绝对人数较少，因此，死亡率的波动性较大。为了解决上述异方差问题，Brouhn et al（2002）使用泊松回归方法对参数进行估计并保持 Lee – Carter 模型的对数双线死亡形式。本书沿用 Brouhn et al（2002）的这种方法，使用基于泊松回归的对数双线模型对死亡率进行建模。第二，Lee – Carter 模型估计出的 β_x 往往具有非规则变动特征，整个数据序列缺乏平滑性。研究表明：如果年龄效应 β_x 缺乏光滑性，那么每个年龄的 β_x 和残差项 $\varepsilon_{x,t}$ 之间有明显的反向关系，这显然违背了残差项的独立同分布假设。而造成这个现象的主要原因在于抽样的误差。本书在 Brouhn et al（2002）模型的基础上加入一个惩罚项，通过对不规则的 β_x 进行惩罚从而得到较为平滑的 β_x 序列。下面介绍带有惩罚项的泊松对数双线死亡率模型。

在泊松对数双线死亡率模型中，年龄为 x 的投保人在日历年 t 死亡人数 $D_{x,t}$ 被认为服从泊松分布，均值为 $er_{x,t}m_{x,t}$（其中 $er_{x,t}$ 为日历年 t，年龄为 x 的被保险人在年中的风险暴露数），则基于 Lee – Carter 的泊松对数双线模型对 $m_{x,t}$ 的对数似然值为

$$\ln L(\alpha, \beta, \kappa) = \sum_{x,t} \{ D_{x,t}(\alpha_x + \beta_x \kappa_t) - er_{x,t} \exp(\alpha_x + \beta_x \kappa_t) \} + constans$$

$$(5-14)$$

为了得到较为平滑的 β_x，对上述模型加入一个惩罚项，从而得

到一个带有惩罚的对数似然函数:

$$\ln L(\alpha, \beta, \kappa) = \sum_{x,t} \left\{ D_{x,t}(\alpha_x + \beta_x \kappa_t) - er_{x,t} \exp(\alpha_x + \beta_x \kappa_t) \right\} - \frac{1}{2} \beta' P_\beta \beta$$

$$P_\beta = \pi_\beta \Delta' \Delta, \Delta = \begin{Bmatrix} 1 & -2 & 1 & 0 & \cdots & 0 \\ 0 & 1 & -2 & 1 & 0 & \cdots \\ \vdots & \ddots & \ddots & \ddots & & \vdots \\ 0 & 0 & \cdots & 1 & -2 & 1 \end{Bmatrix}$$

$$(5 - 15)$$

其中, π_β 代表平滑系数, $\beta' P_\beta \beta$ 对不规则 β_x 进行惩罚, 因此, 带有惩罚项的泊松对数双线模型可综合考虑泊松对数双线模型的拟合优度和 β_x 项的光滑程度。

模型的参数估计值可以通过下述牛顿迭代方法得到:

$$C_\alpha^{(k)} \hat{\alpha}^{(k+1)} = C_\alpha^{(k)} \hat{\alpha}^{(k)} + r_\alpha^{(k)}$$

$$C_\kappa^{(k)} \hat{\kappa}^{(k+1)} = C_\kappa^{(k)} \hat{\kappa}^{(k)} + r_\kappa^{(k)}$$

$$(C_\beta^{(k)} + diag(P_\beta)) \hat{\beta}^{(k+1)} = (C_\beta^{(k)} + diag(P_\beta) - P_\beta) + \hat{\beta}^{(k)} + r_\beta^{(k)}$$

$$(5 - 16)$$

$C_\alpha^{(k)}$, $C_\kappa^{(k)}$, $C_\beta^{(k)}$ 分别为 $(x_{\max} - x_{\min} + 1) \times (x_{\max} - x_{\min} + 1)$、$(t_{\max} - t_{\min} + 1) \times (t_{\max} - t_{\min} + 1)$、$(x_{\max} - x_{\min} + 1) \times (x_{\max} - x_{\min} + 1)$ 的对角矩阵, 其对角线上的元素可以通过下面的方法估计:

$$(C_\alpha^{(k)})_{(x_{\max} - x_{\min} + 1) \times (x_{\max} - x_{\min} + 1)} = \sum_{t = t_{\min}}^{t_{\max}} er_{x,t} \exp(\hat{\alpha}_x^{(k)} + \hat{\beta}_x^{(k)} \hat{\kappa}_x^{(k)})$$

$$(C_\kappa^{(k)})_{(t_{\max} - t_{\min} + 1) \times (t_{\max} - t_{\min} + 1)} = \sum_{x = x_{\min}}^{x_{\max}} (\hat{\beta}_x^{(k)})^2 er_{x,t} \exp(\hat{\alpha}_x^{(k+1)} + \hat{\beta}_x^{(k)} \hat{\kappa}_x^{(k)})$$

$$(C_\beta^{(k)})_{(x_{\max} - x_{\min} + 1) \times (x_{\max} - x_{\min} + 1)} = \sum_{t = t_{\min}}^{t_{\max}} (\hat{\kappa}_x^{(k+1)})^2 er_{x,t} \exp(\hat{\alpha}_x^{(k+1)} + \hat{\beta}_x^{(k)} \hat{\kappa}_x^{(k+1)})$$

$$(5 - 17)$$

式（5 – 16）及式（5 – 17）中 $r_\alpha^{(k)}$、$r_\kappa^{(k)}$、$r_\beta^{(k)}$ 分别为 $(x_{max} - x_{min} + 1)$、$(t_{max} - t_{min} + 1)$、$(x_{max} - x_{min} + 1)$ 的向量，其元素为

$$r_\alpha^{(k)} = \sum_{t=t_{min}}^{t_{max}} (d_{x,t} - er_{x,t}\exp(\hat{\alpha}_x^{(k)} + \hat{\beta}_x^{(k)}\hat{\kappa}_t^{(k)}))$$

$$r_\kappa^{(k)} = \sum_{x=x_{min}}^{x_{max}} \hat{\beta}_x^{(k)}(d_{x,t} - er_{x,t}\exp(\hat{\alpha}_x^{(k+1)} + \hat{\beta}_x^{(k)}\hat{\kappa}_t^{(k)})) \qquad (5 - 18)$$

$$r_\beta^{(k)} = \sum_{t=t_{min}}^{t_{max}} \hat{\kappa}_t^{(k+1)}(d_{x,t} - er_{x,t}\exp(\hat{\alpha}_x^{(k+1)} + \hat{\beta}_x^{(k)}\hat{\kappa}_t^{(k+1)}))$$

对 $\hat{\alpha}_x^{(k)}, \hat{\beta}_x^{(k)}, \hat{\kappa}_t^{(k)}$，一般选择 Lee – Carter 模型的参数估计值作为上述牛顿迭代方法的初始值。

最后使用交叉验证（cross validation）方法估计出一个最优的平滑系数 π_β

$$e_{xt,\pi_\beta} = \sqrt{2}sign(d_{x,t} - \hat{\delta}_{xt,\pi_\beta}^{-(x,t)})\sqrt{d_{x,t}\ln\frac{d_{x,t}}{\hat{\delta}_{xt,\pi_\beta}^{-(x,t)}} - (d_{x,t} - \hat{\delta}_{xt,\pi_\beta}^{-(x,t)})}$$

$$(5 - 19)$$

其中，预测的平均死亡人数为

$$\hat{\delta}_{xt,\pi_\beta}^{-(x,t)} = er_{x,t}\exp(\hat{\alpha}_{x,\pi_\beta}^{-(x,t)} + \hat{\beta}_{x,\pi_\beta}^{-(x,t)}\hat{\kappa}_{x,\pi_\beta}^{-(x,t)}) \qquad (5 - 20)$$

$\hat{\alpha}_{x,\pi_\beta}^{-(x,t)}$、$\hat{\beta}_{x,\pi_\beta}^{-(x,t)}$、$\hat{\kappa}_{x,\pi_\beta}^{-(x,t)}$ 代表不考虑年龄和时间因素影响的对数似然函数估计值，则最优平滑系数为

$$\pi_\beta = argmin\sum_{t=t_{min}}^{t_{max}}\sum_{x=x_{min}}^{x_{max}} e_{xt,\pi_\beta}^2 \qquad (5 - 21)$$

（二）实证分析

1. 数据来源

本书选择全国分年龄、性别的人口死亡率数据，所有原始数据都来源于《中国人口统计年鉴（1985—2009）》，其中因 1996 年和 2001 年的数据缺失，故没有包含这些年份。鉴于篇幅的限制，本书

只使用男性死亡率数据进行实证，女性死亡率预测可以通过相同的方法进行。对于原始数据做以下处理：

首先，进行年龄分组。祝伟（2009）和韩猛（2010）采用每五岁的年龄分组方法，然而，这种方法会使结果出现一定的偏差，特别是在高年龄段。显而易见，60 岁和 65 岁个体的死亡率是不同的，有鉴于此，本书使用年龄分组方法。

其次，确定年龄末组。由于大多数统计年份的末组都是 90 岁以上，因此，本书的末组选为 90 岁以上。1997 年数据的末组为 85 岁以上，对于该年龄 85 岁以上个体的死亡率，采用 Human Mortality Data 中的数据处理方法进行拆分。2002 年数据的末组为 100 岁以上，对 90 岁以上的数据进行合并。

最后，对零死亡率数据进行处理。由于统计抽样问题，有些年份部分年龄段的死亡人数为零，从而导致其死亡率为零，零死亡率不仅与事实不符，而且导致模型无法求解，因此，对零死亡率进行修正，令其等于相邻年份死亡率的均值。

2. 参数估计

为了估计带有惩罚的泊松对数双线模型，首先需要对 Lee – Carter 模型的参数进行估计，参数的估计值见表 5 – 1 和表 5 – 2。

表 5 – 1   Lee – Carter 模型的年龄效应

年龄	年龄效应	年龄	年龄效应	年龄	年龄效应
0	– 4. 08676	8	– 7. 89251	16	– 6. 85188
1	– 6. 65659	9	– 7. 92267	17	– 6. 74975
2	– 7. 09524	10	– 7. 92615	18	– 6. 65076
3	– 7. 38814	11	– 7. 90063	19	– 6. 68103
4	– 7. 56855	12	– 7. 80836	20	– 6. 68103
5	– 7. 70539	13	– 7. 64206	21	– 6. 62909
6	– 7. 79375	14	– 7. 40933	22	– 6. 64196
7	– 7. 83042	15	– 7. 19967	23	– 6. 63013

续表

年龄	年龄效应	年龄	年龄效应	年龄	年龄效应
24	− 6.60606	47	− 5.45685	70	− 3.25646
25	− 6.56798	48	− 5.46615	71	− 3.19363
26	− 6.52448	49	− 5.3355	72	− 3.0732
27	− 6.47055	50	− 5.18289	73	− 3.00396
28	− 6.4196	51	− 5.16766	74	− 2.94984
29	− 6.36968	52	− 5.07675	75	− 2.8008
30	− 6.32806	53	− 5.05784	76	− 2.73824
31	− 6.23355	54	− 4.90975	77	− 2.64968
32	− 6.16549	55	− 4.81091	78	− 2.54226
33	− 6.14001	56	− 4.76401	79	− 2.39506
34	− 6.11086	57	− 4.68996	80	− 2.28795
35	− 6.08477	58	− 4.55638	81	− 2.22312
36	− 5.95932	59	− 4.43267	82	− 2.14787
37	− 5.92224	60	− 4.29301	83	− 2.03736
38	− 5.87547	61	− 4.26961	84	− 2.02466
39	− 5.95475	62	− 4.15789	85	− 1.95798
40	− 5.93943	63	− 4.06001	86	− 1.85019
41	− 5.84986	64	− 3.96124	87	− 1.78615
42	− 5.83651	65	− 3.81528	88	− 1.68801
43	− 5.79788	66	− 3.76606	89	− 1.60731
44	− 5.72535	67	− 3.67821	90	− 1.45195
45	− 5.66623	68	− 3.51031		
46	− 5.60712	69	− 3.40237		

表 5 – 2　　　　　　　Lee – Carter 模型的死亡率改进

年龄	死亡率的改进	年龄	死亡率的改进	年龄	死亡率的改进
0	0.033028	5	0.026498	10	0.012792
1	0.020321	6	0.007711	11	0.031353
2	0.034404	7	0.003669	12	0.006751
3	0.029145	8	0.02375	13	0.007966
4	0.031925	9	− 0.02401	14	− 0.00323

年龄	死亡率的改进	年龄	死亡率的改进	年龄	死亡率的改进
15	− 0.00187	41	− 0.00372	67	0.012929
16	− 0.00303	42	− 0.00278	68	0.005795
17	0.018376	43	0.002641	69	0.012272
18	0.020296	44	0.003144	70	0.012852
19	− 0.00079	45	0.008946	71	0.011404
20	0.016887	46	0.007341	72	0.009112
21	0.001804	47	0.000394	73	0.011142
22	0.007824	48	0.007394	74	0.011313
23	0.013131	49	0.013771	75	0.005447
24	0.006127	50	0.005932	76	0.010933
25	0.019159	51	0.005355	77	0.013975
26	0.005388	52	− 0.00266	78	0.011089
27	− 0.00321	53	0.009245	79	0.010278
28	0.010598	54	0.006082	80	0.011367
29	0.004261	55	0.008133	81	0.016146
30	0.002454	56	0.010935	82	0.012821
31	0.013098	57	0.009358	83	0.011722
32	− 0.01068	58	0.008206	84	0.018038
33	0.009027	59	0.011791	85	0.013265
34	0.018917	60	0.011346	86	0.029986
35	0.005177	61	0.0244701	87	0.035425
36	0.004466	62	0.019014	88	0.030921
37	0.005435	63	0.013499	89	0.028031
38	− 0.0108	64	0.014557	90	0.031324
39	0.000472	65	0.007033		
40	0.005788	66	0.014359		

在估计出 Lee – Carter 模型的参数后，就可以将其作为初始值代入带有惩罚的泊松对数双线模型，表 5 – 3 和表 5 – 4 给出了泊松对数双线模型求出的参数值，图 5 – 1 和图 5 – 2 分别给出了 Lee – Carter 模型的参数值和带有惩罚的泊松对数双线模型的参数值的比较。

表 5 – 3　　　　带有惩罚的泊松对数双线模型的年龄效应

年龄	年龄效应	年龄	年龄效应	年龄	年龄效应
0	– 4. 0596	31	– 6. 472	62	– 4. 3399
1	– 6. 3064	32	– 6. 3742	63	– 4. 2241
2	– 6. 7164	33	– 6. 5501	64	– 4. 0425
3	– 6. 7828	34	– 6. 3365	65	– 4. 0039
4	– 6. 9581	35	– 6. 3637	66	– 3. 9195
5	– 7. 1646	36	– 6. 2014	67	– 3. 8739
6	– 7. 5428	37	– 6. 2357	68	– 3. 7138
7	– 7. 2354	38	– 6. 3532	69	– 3. 66
8	– 7. 5398	39	– 6. 3497	70	– 3. 5362
9	– 7. 7738	40	– 6. 0577	71	– 3. 4177
10	– 7. 5797	41	– 5. 9586	72	– 3. 2645
11	– 7. 9142	42	– 5. 9172	73	– 3. 1359
12	– 7. 94	43	– 5. 9309	74	– 3. 1057
13	– 7. 6111	44	– 5. 7887	75	– 3. 0322
14	– 7. 6969	45	– 5. 7553	76	– 3. 0068
15	– 7. 5755	46	– 5. 755	77	– 2. 8468
16	– 7. 4107	47	– 5. 5751	78	– 2. 7433
17	– 7. 1087	48	– 5. 4596	79	– 2. 6198
18	– 7. 0433	49	– 5. 3724	80	– 2. 5649
19	– 6. 9884	50	– 5. 3322	81	– 2. 4628
20	– 6. 8098	51	– 5. 3008	82	– 2. 4103
21	– 6. 6078	52	– 5. 1061	83	– 2. 18
22	– 6. 7073	53	– 5. 1636	84	– 2. 2259
23	– 6. 8587	54	– 5. 0932	85	– 2. 1139
24	– 6. 6617	55	– 5. 0067	86	– 2. 0145
25	– 6. 8211	56	– 4. 7559	87	– 1. 9641
26	– 6. 7335	57	– 4. 7405	88	– 2. 2927
27	– 6. 75	58	– 4. 7597	89	– 2. 2178
28	– 6. 5975	59	– 4. 5003	90	– 2. 0945
29	– 6. 5797	60	– 4. 3917		
30	– 6. 5474	61	– 4. 3642		

表5-4　　带有惩罚的泊松对数双线模型的死亡率改进

年龄	死亡率的改进	年龄	死亡率的改进	年龄	死亡率的改进
0	0.001388	31	0.008026	62	0.005049
1	0.010575	32	0.001713	63	0.007497
2	0.0068261	33	-0.00078	64	0.00713
3	0.016061	34	0.002333	65	0.008261
4	0.013472	35	0.008089	66	0.004994
5	0.017034	36	0.003259	67	0.006297
6	0.0058096	37	0.000697	68	0.003457
7	0.012902	38	-0.00526	69	0.003608
8	-0.005958	39	-0.00543	70	0.003923
9	0.0028	40	0.00348	71	0.003413
10	7.17E-05	41	-0.00058	72	0.004801
11	0.0094726	42	8.58E-05	73	0.003738
12	0.0084155	43	-0.0025	74	0.004174
13	7.54E-06	44	0.000135	75	0.004413
14	-0.001077	45	0.003693	76	0.003461
15	-0.010071	46	0.002816	77	0.003698
16	-0.002668	47	0.001807	78	0.002709
17	0.0041099	48	-0.00019	79	0.004541
18	0.0017177	49	0.002477	80	0.005226
19	0.0036077	50	0.0024	81	0.005792
20	0.0006624	51	0.004961	82	0.006854
21	0.0090721	52	-0.00314	83	0.00757
22	0.0035565	53	0.002284	84	0.005542
23	0.005578	54	-0.00286	85	0.004671
24	0.0066452	55	0.004045	86	0.003336
25	0.0013477	56	0.001633	87	0.016664
26	-0.001444	57	0.004088	88	0.050345
27	0.0006448	58	0.001765	89	0.064042
28	0.0011183	59	0.003619	90	0.064145
29	0.012183	60	0.002253		
30	0.013457	61	0.002487		

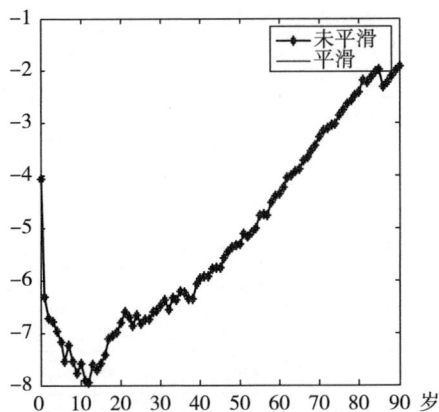

图 5 - 1 年龄效应

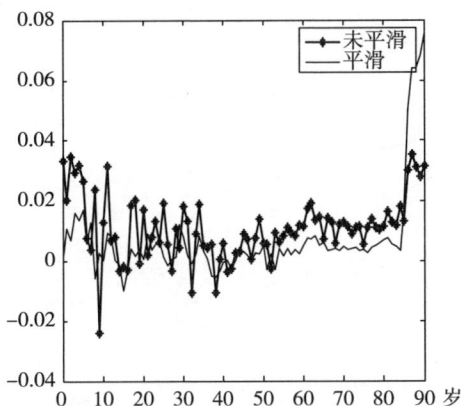

图 5 - 2 死亡率改进

分析表 5 - 3、表 5 - 4 和图 5 - 1、图 5 - 2 后发现，未经平滑处理和经过平滑处理的年龄效应曲线完全重合，这表明惩罚模型对死亡率年龄效应不产生任何影响。经过平滑处理的死亡率改进曲线比未经平滑处理的死亡率改进曲线更加平滑，这表明惩罚模型能够有效地克服死亡率改进的不规则运动，降低抽样误差，从而使模型具有更高的可信性。最后，表 5 - 5 给出了两个模型的时间效应，对于缺失数据的 1996 年和 2001 年，令其等于相邻年份的平均值。

表 5 - 5   未经平滑和平滑后的时间效应

年份	1995	1996	1997	1998	1999
未经平滑的时间效应	14. 66	15	13	17. 967	17. 72
平滑后的时间效应	14. 666	14. 333	14	14. 994	13. 028
年份	2000	2001	2002	2003	2004
未经平滑的时间效应	4. 1577	0. 66427	- 5. 4527	- 14. 54	- 18. 508
平滑后的时间效应	6. 7306	4. 9062	2. 2489	- 2. 9344	- 1. 1529
年份	2005	2006	2007	2008	2009
未经平滑的时间效应	- 5. 4527	- 14. 54	- 18. 508	- 17. 436	- 17. 37
平滑后的时间效应	2. 2489	- 2. 9344	- 3. 1529	- 4. 8841	- 5. 5944

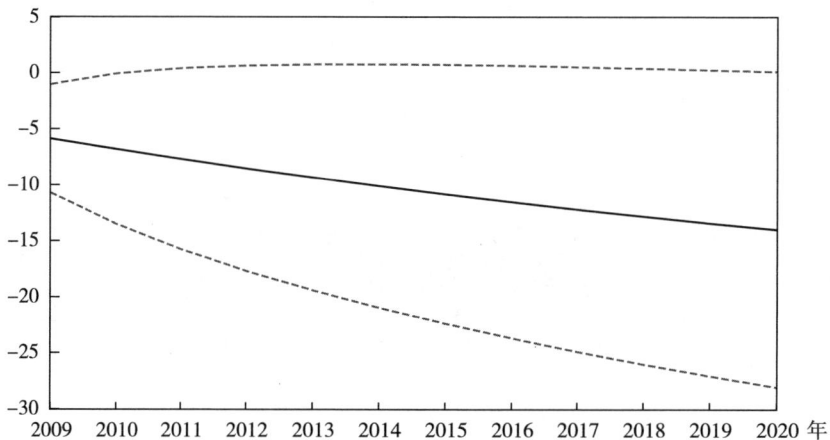

图 5 - 3   泊松对数双线模型的时间效应预测

3. 预测未来死亡率

预测未来死亡率，首先需要对时间效应 k_t 进行时间序列建模（Lee 和 Carter，1992），从而预测时间效应的未来值，然后再利用 Lee - Carter 模型预测未来的死亡率。这里，首先利用 ADF 检验，判断 k_t 序列为非平稳序列，对 k_t 进行一次差分，一次差分后的序列为平稳序列，即 I（1）。将一次差分后得到的平稳序列命名为 k'_t，图 5 - 3 给出了 k'_t 的自相关函数、偏自相关函数。由表 5 - 6 可知，k'_t 的自相关

系数和偏自相关系数并没有明显的不同于 0，因此，可以确定原序列
为 ARIMA（0，1，0）过程，ARIMA（0，1，0）的参数估计结果为

$$\kappa_t = -1.44 + \kappa_{t-1} \qquad\qquad (5-22)$$

表 5 - 6　　　　　　　　　　　　自相关和偏自相关

自相关系数	偏自相关系数		AC	PAC	Q-Stat	Prob
		1	0.028	0.028	0.0139	0.906
		2	-0.063	-0.064	0.0886	0.957
		3	0.193	0.198	0.8473	0.838
		4	-0.472	-0.512	5.8311	0.212
		5	-0.206	-0.127	6.8911	0.229
		6	-0.072	-0.230	7.0351	0.318
		7	-0.112	0.107	7.4375	0.385
		8	0.103	-0.143	7.8361	0.450
		9	0.013	-0.133	7.8441	0.550
		10	0.019	-0.207	7.8636	0.642
		11	0.047	-0.066	8.0265	0.711
		12	0.008	-0.012	8.0341	0.782

图 5 - 3 给出了泊松对数双线模型的时间效应预测，由图 5 - 3
可知，随着时间的推移，时间效应呈逐年下降趋势，而且预测值的
置信区间会逐渐变大。将上述模型得到的时间效应预测值代入 Lee -
Carter 模型就可以得到各个年龄段被保险人在未来年度的死亡率预测
值。表 5 - 7 列举了 40 岁、50 岁、60 岁和 70 岁被保险人未来年度的
死亡概率预测值。由表 5 - 7 可知，在未来年度，各个年龄段被保险
人的死亡率都会下降，死亡率的降低最终导致预期寿命的增加。

表 5 - 7　　　　　　未来年度的死亡概率预测值　　　　　单位：%

年份	40 岁	50 岁	60 岁	70 岁
2010	1.2813	4.6013	11.785	27.725
2011	1.2656	4.545	11.641	27.386
2012	1.2508	4.4919	11.505	27.066
2013	1.2369	4.442	11.377	26.765
2014	1.2238	4.395	11.257	26.482

年份	40 岁	50 岁	60 岁	70 岁
2015	1. 2115	4. 3507	11. 143	26. 215
2016	1. 1999	4. 309	11. 036	25. 964
2017	1. 1889	4. 2696	10. 936	25. 727
2018	1. 1786	4. 2325	10. 841	25. 503
2019	1. 1688	4. 1975	10. 751	25. 292
2020	1. 1596	4. 1644	10. 666	25. 092

二、退保给付

保险公司的退保现金流取决于两个因素，退保给付额和退保率。退保给付额一般等于保单的现金价值，现金价值为支持准备金的资产账户价值扣除一定的退保费用。退保率受市场利率、保单结算利率和红利分配政策等较多因素的影响，呈逐年变化趋势。保单退保会对公司的现金流产生非常重要的影响，与死亡给付和费用支出相比，退保往往更难预测，非预期的大规模退保会严重影响公司的现金流，甚至会使公司陷入财务危机。因此，准确把握公司的退保率对一个综合的资产负债管理模型至关重要。

在此讨论两种关于退保率的假设。

一是固定退保率。在这种假设下，退保率在整个保单有效期始终是固定不变的，这种假设是非常现实的。例如，对英国保单退保率的研究证实，英国在 1994—1997 年每年的退保率为 1.4%。而对意大利保单退保率的研究证实，保单每年退保率为 2% 左右。

二是可变退保率。在可变退保率假设下，保单持有人的退保行为受某些经济因素的影响（Consiglio，2006），因此，可以将退保率同某些经济变量相联系，如果假设保单退保受产品的最低保证利率水平和竞争者提供的利率水平的影响，那么，按照 Consiglio 的观点，退保率就可以表述为如下函数形式：

$$s = f(r - g) \qquad (5-23)$$

其中，r 代表市场利率或竞争者提供的利率，比如可以使用十年期国债收益率表示，如果市场利率或竞争者提供的结算利率提高，保单持有人会选择退保，转而购买高结算利率的保险；g 代表产品的保证利率，如果产品的保证利率提高，退保率会降低；s 代表退保率。

（一）模型的构建

本书借鉴 Consiglio（2006）的思想，将退保率表示为市场利率与保证利率（或预定利率）差的线性函数，建立计量经济模型为

$$y = a + bx + \varepsilon \qquad (5-24)$$

其中，y 为因变量（退保率），a 为截距项，b 为系数，x 为自变量（市场利率与产品的保证利率的差），ε 代表残差项。

（二）实证分析

1. 数据的选择

本书选择我国某寿险公司万能型保险产品 2008 年 1 月到 2009 年 8 月的数据，将利差定义为市场利率与保证利率和差额，市场利率选择三年期国债收益率，退保率定义为当月万能型产品退保金额除以当月万能型产品总保费收入。

2. 参数的估计

回归模型需要平稳的时间序列，当时间序列具有不平稳性时，会导致所谓的"伪回归"问题，从而直接导致各种模型毫无意义。因此，在建立计量模型之前要对所采用的时间序列进行单位根检验，以确定各序列的平稳性和单整阶数。检验的方法有 pp 和 ADF 两种单位根检验，本书采用 ADF 单位根检验法，运用 Eviews 6.0 软件，对上述两个变量序列做 ADF 单位根检验，检验结果见表 5-8。

表 5 - 8 利差和退保率的单位根检验

	t - Statistic	1% level	5% level	10% level	Prob
利差	- 2.6451	- 2.8675	- 2.5298	- 2.06583	0.041
退保率	- 2.7661	- 2.1623	- 1.75527	- 1.56645	0.0092

分析表 5 - 8，退保率都通过了 1% 的显著性检验，利差也通过了 5% 的显著性检验，因此，可以认为它们都是平稳的。表 5 - 9 给出一元回归模型对变量进行回归，分析表 5 - 9 可知，利差水平显著影响了退保率，调整的 R^2 为 0.412，证明模型对退保率有一定的解释力。

表 5 - 9 回归模型的参数估计

	a	b
参数估计值	0.04091 *	- 0.283452 **
t 值	32.3245	- 8.8765

3. 退保率情景的生成

由于退保率是市场利率的函数，如果使用国债收益率代表市场利率，将情景树上生成的国债收益率（假设结算利率为国债收益率的 80%）代入退保率模型可以直接得到该情景下的退保率。

三、红利给付

对于分红型产品，由于保单持有人分享保险公司的经营成果，红利是保险公司向保单持有人提供的非保证性的保险利益，红利的分配会影响保险公司的负债水平、投资策略以及偿付能力。

红利分配的方法很多，有资产份额法、贡献法等，在我国保险市场上比较流行的红利分配方法是贡献法。贡献法又称为三元素法，是指每张保单对所产生盈余的贡献按比例分配盈余的方法。红利的产生一般有三个来源，即利差、死差及费差。其中，利差是指保险公司实际投资收益率与定价时预计利率之间的差额；死差是指保险公司实际的死亡率与定价时预定死亡率之间的差额；费差是指实际的营运管理费用与预定的营运管理费用之间的差额。

贡献法的计算公式为[①]

$$C = (V_0 + P)(i' - i) + (q' - q)(S - V_1) + (GP - P - e')(1 + i') \qquad (5-25)$$

其中：

C 代表该保单对盈余的贡献；

V_0 代表按评估基础计算的上个保单期末准备金，其中不包括上个保单期末的生存给付金额；

V 代表按评估基础计算的保单期末准备金；

P 代表按评估基础计算的净保费；

i' 代表实际投资收益率；

i 代表评估利息率；

q' 代表实际经验死亡率；

q 代表评估死亡率；

S 代表死亡保险金；

GP 代表保险费；

e' 代表实际经验费用支出。

保险公司应按照下列公式计算每张保单实际分配的红利：

$$\frac{C}{\sum_{\Omega} C} \times 可分配盈余 \times R \qquad (5-26)$$

其中，Ω 表示所有分红保单；R 为保险公司确定的红利分配比例（监管机构要求该比例不低于70%）。

由于红利分配额度是随机规划模型的重要决策变量，因此，此处不对其进行建模。

---

① 《人身保险新型产品精算规定的通知》（保监发〔2003〕67号）。

四、费用支出

费用支出受许多因素的影响，对其进行预测往往较为困难。其中，费用的分类是非常复杂的问题，关于费用的分类方法还没有达成一致的意见。美国通用会计准则（US GAAP）保险公司的费用分为六类，这些费用有些会影响准备金和递延获得成本（DAC），有些则直接计入当期损益，主要包括：

（1）递延获得成本，是指随新业务和续期保单的变化而变化，并且和续期保单的获得相关的成本。

（2）不可递延获得成本，是指与新业务的获得相关，但不随新业务的变化而变化的成本。

（3）直接维持成本，是指与公司的保单相关，但不与新业务的获得相关的成本。

（4）投资费用，是指在实现投资收入过程中发生的费用。

（5）未来用途费用，是指在重大未来用途时发生的费用。

（6）一般管理费用，是指一般不与保单合约相关的费用。

为了简单起见，本书将费用简单分为业务获得费用、维持费用、间接管理费用。其中，业务获得费用是指为了获得保险业务而发生的费用，主要发生在保单获得时；维持费用和间接管理费用一般发生在大保单有效时，通常用一种方便的形式表达出来，比如每个保单的一定金额、保费的一定比例、每千元死亡给付的一定金额或账户余额的一定比例。由于问题的复杂性和数据的缺乏，本章并不对费用支出进行预测和建模，第六章实际应用部分只对费用支出作出相关的假设。

第二节 负债价值评估

任何的资产负债管理模型都需要对未来的负债价值进行评估，负债价值代表公司未来支付责任的期望贴现值。不同的金融机构有不同的负债结构，因此，很难使用一种统一的方法对其进行评估。对于保险公司来说，一般使用精算方法对负债进行评估，责任准备金是负债项目中最为重要的组成部分，寿险公司的责任准备金是保险公司对保单持有人承担的未来责任的一种价值度量。在一般寿险公司中，责任准备金一般会占到总负债的85%，甚至更高。因此，实务中对负债的评估主要集中于对准备金的评估。准备金评估受到许多不确定性因素的影响，使用模拟方法评估准备金往往非常有效。

按照《国际会计准则（2000）》的规定，企业应该以公允价值评估各种资产和负债。公允价值是指在公平交易的条件下，熟悉情况的当事人自愿进行资产交换或负债清偿的金额。这里的负债清偿既包括法定清偿，又包括非法定清偿。如果该资产或负债存在可交易的市场，那么，应该以市场价值计量该公允价值，然而对于保险公司的负债来说，除少数如巨灾产品外，没有可交易的二级市场，因此，无法使用市场价值作为保险公司准备金的公允价值。在这种情况下，一般采用未来现金流的贴现值作为公允价值。如果能够正确运用，现金流贴现是市场价值的合理近似，尤其是对那些能够比较准确地估计未来现金流的金融工具。用未来现金流贴现法作为公允价值是目前最常用的方法，贴现模型能否准确地反映资产或负债的公允价值取决于两个因素：第一，对未来现金流的预测。保险公司未来的现金流大体可分为现金流入和现金流出。现金流入主要包括保费收入、资本注入等；现金流出主要包括保险给付、退保给付、费用支出、红利支出等。这些现金流有些可以比较准确地预测（如未来的保险金给付），有些却很难预测（如未来的退保支出）。第二，选择合适的贴现率，贴现率对准备金评估影响巨大，提高贴现率将会降低准备金要求；反之，则相反。下面分险种对新型寿险保单的准备金评估进行讨论。

一、分红型产品准备金评估

（一）分红型产品准备金评估方法介绍

《个人分红保险精算规定》中规定，分红险的法定责任准备金包括未决责任准备金和未到期责任准备金，未决责任准备金又包含已发生已报案未决责任准备金和已发生未报案未决责任准备金。其中，已发生已报案未决责任准备金是指对已发生且已报案的索赔提取的准备金，其评估方法较为简单，可以使用逐案法对其进行估计。已发生未报案未决责任准备金则是指对已经发生但尚未报案的赔案提取的准备金，主要通过链梯法、准备金进展法、B－F及一些随机方法进行估计。未到期责任准备金是指对保险合同没有到期的未来责任提取的准备金，未到期责任准备金的提取方法主要有均衡净保费准备金评估方法和修正净保费准备金评估方法。均衡净保费法仅以每年的均衡净保费和实际的保额给付计算未到期责任准备金，而忽略了各项费用在时间上的分摊，一般来说，合同在第一年的初始费用非常高，一般会远远高于均衡净保费中的费用附加，因此，需要对其进行修正。我国《人身保险新型产品精算规定的通知》（保监发〔2003〕67 号）中规定，可以使用两种修正方法对分红险的未到期准备金进行评估，一种是 FPT 方法，另一种是 FRT 方法。

1. FPT 方法（一年定期修正方法）

在欧洲和美国的许多市场，FRT 方法被广泛使用。该技术将首年保险处理为一年期定期保险，而原保单在第二个保单年度开始生效。该方法降低了第一年的评估净保费，增加了以后年度的保费，从而降低了业务对资本的需求。在 FPT 方法下，首年净保费 α_X^{Mod} 和续年净保费 β_x^{Mod} 分别为

$$\alpha_X^{Mod} = A_{x:\,\overline{1}|}^1 \qquad\qquad (5-27)$$

$$\beta_x^{Mod} = P + \frac{P - A_{x:\,\overline{1}|}^1}{a_{x:\,\overline{n-1}|}} \qquad\qquad (5-28)$$

修正期内的实际准备金小于净保费责任准备金，这是因为在 FPT 方法下，续年度较大的净保费在未来年度才对准备金有贡献。

2. FRT 方法

FRT 方法也将保费分为首年度保费和续年保费，并保证首年保费与续年保费的现值之和等于均衡净保费的现值。该方法的具体计算步骤为：

（1）计算首年净保费 α：

$$\alpha = P - EA \qquad\qquad (5-29)$$

其中，P 为均衡净保费，EA 为费用扣除额，一般费用扣除额不得高于基本死亡保险金额的 3.5%。

（2）计算续年净保费 β，以 n 年期两全寿险为例：

$$\beta_x^{Mod} = P + \frac{P - \alpha_X^{Mod}}{a_{x:\,\overline{n-1}|}} \qquad\qquad (5-30)$$

当 α 值小于按照评估基础计算得到的首年度自然净保费时，则 α 为首年度自然净保费。换句话说，在这种情况下，采用 FRT 方法。α 的取值主要受费用扣除的影响，费用扣除额度往往基于一定的计算公式，一般情况下，寿险公司在实务操作中均采用 FRT 方法。

虽然《个人分红保险精算规定》中规定，保险公司分红产品的责任准备金评估应当采取上述两种方法，但是在实务中还经常会用到保险监督官准备金评估方法（CARVM）。CARVM 是美国标准评估法中所规定的准备金评估方法。该方法将准备金分为两组：

（1）如果某保单按 FPT 方法算出来的续年度净保费小于 FPT 方法算出来的 20 年限期缴费的终身寿险的续年净保费，使用 FRT 方法。

（2）如果某保单按 FPT 方法算出来的续年度净保费大于 FPT 方法算出来的 20 年限期缴费的终身寿险的续年净保费，CARVM 方法中的费用补贴为

$$EA = {}_{19}P_{n+1} - A^1_{n:\overline{1}|} \qquad (5-31)$$

再由

$$\alpha^{Mod} + \beta^{Mod} a_{x:\overline{h-1}|} = P\ddot{a}_{x:\overline{h}|} \qquad (5-32)$$

可得

$$\beta^{Mod} = P + \frac{\beta^{Mod} - \alpha^{Mod}}{\ddot{a}_{x:\overline{h}|}} = P + \frac{EA}{\ddot{a}_{x:\overline{h}|}} \qquad (5-33)$$

（二）评估利率的选择问题

影响准备金大小的因素有许多，例如评估利率、死亡率、退保率、费用率等。其中，评估利率假设对准备金数额的影响最为显著，评估利率提高，准备金下降；反之，则准备金上升。在准备金评估过程中，寿险公司必须对准备金的评估利率作出合适的选择。评估利率的选择受到公司实际投资收益率、市场利率、竞争者提供的利率等多种因素的影响。一般来说，如果公司的投资收益水平较高，可以选择较高的评估利率水平，对准备金数额要求相对较低；如果公司的资产收益水平较低，则要选择较低的评估利率，对准备金数额要求相对较高。

评估利率的选择也会受到监管机关相关法规的影响，保监会发布的《关于保险业做好〈企业会计准则解释第 2 号〉实施工作的通知》（保监发〔2010〕6 号）中规定，对于未来保险利益不受对应资产组合投资收益影响的保险合同，用于计算未到期责任准备金的折现率，应当根据与负债现金流出期限和风险相当的市场利率确定。该市场利率以中央国债登记结算有限责任公司编制的 750 个工作日

国债收益率曲线的移动平均为基准（中国债券信息网"保险合同准备金计量基准收益率曲线"），加合理的溢价确定。溢价幅度暂不得高于 150 个基点。

保险公司准备金计量基准收益率曲线是中债银行间固定利率国债即期收益率曲线 750 个工作日的平均值计算得到的收益率曲线，不足 750 个工作日的按已有历史数据计算。表 5 – 10 给出了不同计算日期的保险合同准备金计量基准收益率曲线。

表 5 – 10　　　　　保险合同准备金计量基准收益率曲线　　　单位：%

期限（年）	期限描述（月）	2006 年 3 月 1 日至 2006 年 12 月 31 日	2006 年 3 月 1 日至 2007 年 12 月 29 日	2006 年 3 月 1 日至 2008 年 12 月 31 日	2007 年 1 月 4 日至 2009 年 12 月 31 日
0	0/N	1.6525	1.8106	1.7263	1.4434
1	12	1.9625	2.4195	2.6623	2.3946
2	24	2.1633	2.6647	2.8986	2.6596
3	36	2.3619	2.8672	3.0615	2.9237
4	48	2.5214	3.0243	3.2030	3.1401
5	60	2.6391	3.1492	3.3265	3.3216
6	72	2.7530	3.2690	3.4322	3.4547
7	84	2.8559	3.3791	3.5290	3.5774
8	96	2.9542	3.4820	3.6213	3.6836
9	108	3.0420	3.5708	3.7019	3.7692
10	120	3.1330	3.6570	3.7809	3.8565
11	132	3.2199	3.7313	3.8515	3.9417
12	144	3.2940	3.7879	3.9090	4.0183
13	156	3.3614	3.8340	3.9582	4.0876
14	168	3.4283	3.8773	4.0045	4.1510
15	180	3.5012	3.9259	4.0533	4.2085
16	192	3.5708	3.9739	4.0997	4.2527

续表

期限 （年）	期限描述 （月）	2006 年 3 月 1 日至 2006 年 12 月 31 日	2006 年 3 月 1 日至 2007 年 12 月 29 日	2006 年 3 月 1 日至 2008 年 12 月 31 日	2007 年 1 月 4 日至 2009 年 12 月 31 日
17	204	3.6262	4.0126	4.1377	4.2827
18	216	3.6708	4.0447	4.1697	4.3041
19	228	3.7082	4.0730	4.1986	4.3232
20	240	3.7420	4.1005	4.2270	4.3459
21	252	3.7714	4.1258	4.2527	4.3687
22	264	3.7933	4.1462	4.2737	4.3874
23	276	3.8088	4.1622	4.2903	4.4026
24	288	3.8191	4.1749	4.3033	4.4151
25	300	3.8253	4.1849	4.3138	4.4257
26	312	3.8289	4.1934	4.3227	4.4352
27	324	3.8312	4.2013	4.3310	4.4444
28	336	3.8337	4.2096	4.3400	4.4545
29	348	3.8379	4.2196	4.3507	4.4664
30	360	3.8456	4.2325	4.3646	4.4812

（三）分红险责任准备金评估实例

1. 产品的相关假设

类型：二十年期分红型两全保险

缴费期间：20 年

保费的缴纳方式及金额：每年缴纳 4330 元

保险金额：10 万元

红利给付方式：现金支付

红利计算方法：三因素法

预期每年的红利分配：450 元

评估死亡率选择：中国人寿保险业经验生命表（2000～2003 年）男子表

产品的评估利率：选择 2009 年 12 月 31 日的保险合同准备金计量基准收益率曲线上期限为 18 年的国债平均收益率作为评估利率，则评估利率为 4.3041%。

2. 计算结果

使用 FPT 方法和 CARVM 方法进行评估，并将两种评估结果进行比较。

（1）FPT 方法。

净保费：

$$P_{40:\overline{20}|} = \frac{A_{40:\overline{20}|}}{\ddot{a}_{40:\overline{20}|}} = 0.03409101 \tag{5 - 34}$$

首年修正纯保费：

$$\alpha_{40}^{Mod} = A_{40:\overline{1}|}^{1} = 0.001577601 \tag{5 - 35}$$

续年度纯保费：

$$\beta_{40}^{Mod} = P_{40:\overline{20}|} + \frac{P_{40:\overline{20}|} - \alpha_{40}^{Mod}}{\ddot{a}_{40:\overline{20}|} - 1} = 0.03679157 \tag{5 - 36}$$

根据 FPT 方法，第一年的责任准备金为 0，以后各年的责任准备金可以根据下列公式计算得到（见表 5 - 11）：

$$100000\,_t V_{40:\overline{20}|}^{FPT} = 100000 A_{40+t:\overline{20-t}|} - 100000 \beta_{40}^{Mod} \ddot{a}_{40+t:\overline{20-t}|} \tag{5 - 37}$$

表 5 - 11　　　　FPT 方法下责任准备金　　　　单位：元

年份	保单准备金	红利准备金	总准备金
1	0	6174.56356	6174.56356
2	3876.3	6401.234565	10277.53457
3	7537.953	6210.453456	13748.40646
4	11074.45	6040.246259	17114.69626
5	15310.42	5828.978304	21139.3983
6	19434.63	5532.494943	24967.12494
7	23726.43	5263.073281	28989.50328

续表

年份	保单准备金	红利准备金	总准备金
8	28195.05	4982.704903	33177.7549
9	32848.77	4690.783803	37539.5538
10	37697.42	4386.796805	42084.2168
11	42751.53	4070.027339	46821.55734
12	48022.8	3739.858969	51762.65897
13	53524.21	3395.503155	56919.71315
14	59271.33	3036.113991	62307.44399
15	65280.61	2660.673469	67941.28347
16	71570.34	2268.106214	73838.44621
17	78161	1857.217944	80018.21794
18	85077.03	1426.67148	86503.70148
19	92346.17	974.8697177	93321.03972
20	100000	500	100500

（2）CARVM 方法。

在相同假设条件下，使用 CARVM 方法对分红型产品的责任准备金、分红准备金及总准备金进行计算（见表 5 – 12）：

$$P_{40:\overline{20|}} = \frac{A_{40:\overline{20|}}}{\ddot{a}_{40:\overline{20|}}} = 0.03409101 \qquad (5-38)$$

$$\beta_{40}^{Mod} = P_{40:\overline{20|}} + \frac{P_{40:\overline{20|}} - \alpha_{40}^{Mod}}{\ddot{a}_{40:\overline{20|}} - 1} = 0.03679157 \qquad (5-39)$$

$$_{19}P_{41} = \frac{A_{41}}{\ddot{a}_{41:\overline{19|}}} = 0.01920536 \qquad (5-40)$$

由于 $\beta_{40}^{Mod} = 0.03679157 >_{19}P_{41} = 0.01920536$ （5-41）

由式（5-37）可知，该保单属于高保费保单，续年纯保费应为

$$\beta = P_{40:\overline{20|}} + \frac{_{19}P_{41} - A_{40:\overline{1|}}^1}{\ddot{a}_{41:\overline{19|}}} = 0.03570741 \qquad (5-42)$$

表 5 - 12   CARVM 方法下责任准备金   单位：元

年份	保单准备金	红利准备金	总准备金
1	1754. 67	5174. 56356	6929. 23356
2	5678. 89	6401. 234565	12080. 12457
3	8793. 626	6210. 453456	15004. 07946
4	12286. 2	6040. 246259	18326. 44626
5	16460. 54	5828. 978304	22289. 5183
6	20528. 75	5532. 494943	26061. 24494
7	24762. 25	5263. 073281	30025. 32328
8	29170. 19	4982. 704903	34152. 8949
9	33760. 72	4690. 783803	38451. 5038
10	38543. 51	4386. 796805	42930. 3068
11	43528. 98	4070. 027339	47599. 00734
12	48728. 67	3739. 858969	52468. 52897
13	54155. 37	3395. 503155	57550. 87315
14	59824. 44	3036. 113991	62860. 55399
15	65752. 11	2660. 673469	68412. 78347
16	71956. 43	2268. 106214	74224. 53621
17	78457. 58	1857. 217944	80314. 79794
18	85279. 69	1426. 67148	86706. 36148
19	92450. 11	974. 8697177	93424. 97972
20	100000	500	100500

下面对两种方法下计算总准备金进行比较，见表 5 - 13。

表 5 - 13   两种方法计算的总准备金的比较   单位：元

年份	FPT 总准备金	CARVM 总准备金	CARVM 准备金/FPT 总准备金
1	6174. 56356	6929. 23356	1. 14417717
2	10277. 53457	12080. 12457	1. 125391286
3	13748. 40646	15004. 07946	1. 091332258
4	17114. 69626	18326. 44626	1. 070801724
5	21139. 3983	22289. 5183	1. 054406468
6	24967. 12494	26061. 24494	1. 043822427

续表

年份	FPT 总准备金	CARVM 总准备金	CARVM 准备金/FPT 总准备金
7	28989.50328	30025.32328	1.035730864
8	33177.7549	34152.8949	1.02939138
9	37539.5538	38451.5038	1.024293043
10	42084.2168	42930.3068	1.020104687
11	46821.55734	47599.00734	1.016604531
12	51762.65897	52468.52897	1.013636664
13	56919.71315	57550.87315	1.011088601
14	62307.44399	62860.55399	1.008877109
15	67941.28347	68412.78347	1.006939816
16	73838.44621	74224.53621	1.005228848
17	80018.21794	80314.79794	1.003706406
18	86503.70148	86706.36148	1.00234279
19	93321.03972	93424.97972	1.00111379
20	100500	100500	1

从表 5 - 13 可以看出，除最后一年两种方法估计的准备金都相等外，CARVM 方法计算的总准备金始终高于 FPT 方法计算的总准备金，其中第一年高出的幅度最大，约 14.4%，随后逐年下降，到最后一个保险年度，两种方法计算出的准备金数额相等。换句话说，CARVM 方法评估准备金的谨慎程度要高于 FPT 方法。考虑到我国现有的分红险产品大部分是生死两全的储蓄型产品，其责任准备金的评估更需要谨慎。因此建议，对于分红型产品的责任准备金评估采用 CARVM 方法较好。

二、万能型产品准备金评估

万能型产品的一个重要特点是保险人对保单的投资收益率有最低的保障水平。在我国，最低保证利率一般为 2.5%。最低保证利率水平的存在使万能型产品的定价和准备金的评估变得相对复杂。从理论上讲，最低保证利率可以被理解成一种期权，可以使用期权定价理论对其进行建模，国内外学者对万能型产品的评估进行过较多的讨论。

Brennan 和 Schwartz（1976）最早对有最低保证利率的万能型产品的定价和准备金评估问题在未定权益的框架内进行了讨论。Briys 和 Varenne（1997）考虑了一个万能型产品权益和负债的单期模型，在该模型下，保单持有人的收益包括最低保险利率和红利，红利是最终资产价值乘以最初负债资产比与最低保证利率计算得到的负债价值差额的一定比例，模型中还考虑到了可能的违约风险。假设资产价值服从对数正态过程，随机利率的变化过程遵从 Vasicek 模型，该模型最终得到了万能产品准备金和权益的闭合解形式。Miltersen 和 Persson（2000）考虑了一个多期的评估模型，不同于以往使用蒙特卡罗模拟方法评估最低保证型产品，使用 Black - Scholes 期权定价模型对未来的未定权益进行评估。在该模型下，保单持有人有两个账户——顾客账户（customer's account）和红利账户（bonus account），顾客账户的收益率为最低保证利率加实际投资收益率和保证利率水平差的一定比例，红利账户建立一个缓冲机制，在"好年份"积累账户价值，在"不好的年份"使用该账户资金，使结算利率维持在保证最低结算利率水平上。在保单期末，如果红利账户有亏损，则保险公司需要对其进行补偿。

Grosen 和 Jorgensen（2000）将万能型产品的准备金分为保单准备金和红利准备金，在每个保单年末，保单准备金按照最低保证利率累积，红利准备金按照实际投资收益率和保证利率水平差的一定比例进行积累，他们将有最低保证利率的万能型产品拆分为三个部分：无风险债券、欧式红利期权及美式退保期权。最后，使用蒙特卡罗模拟和二叉树网格对上述两种期权进行定价。

上述评估的共同缺陷是都未考虑到评估过程中的死亡率风险。

Bacinello（2001）在死亡率和市场风险相互独立的假设下，使用 Black – Scholes 期权定价方法对有保证利率的万能型产品的评估问题进行讨论，使用该方法的优点在于其能够得到纯保费和准备金的闭合解形式。研究发现，万能型产品公允价值主要由无风险利率水平、投资组合的风险水平（投资组合的风险水平由组合收益率的波动率）、保证利率水平和红利分配水平四个参数决定。在其他三个参数给定的情况下，另一个参数由模型内生决定。

（一）理论模型

趸缴保费万能型寿险产品的趸缴纯保费可表述为

$$P = C_0 \left(\sum_{t=1}^{T-1} {}_{t-1|1}q_x v^t + {}_{T-1}p_x v^{T-1} \right) = C_0 A_{x:\overline{T}|}^{(i)} \qquad (5-43)$$

其在 $t_0(t_0 < T)$ 时刻的准备金为

$$V_{t_0} = C_0 \left(\sum_{t=1}^{T-t_0-1} {}_{t-1|1}q_{x+t_0} v^t + {}_{T-t_0-1}p_{x+t_0} v^{T-t_0-1} \right) \qquad (5-44)$$

其中，$v = (1 + i)^{-1}$ 代表折现率，${}_{t-1|1}q_x$ 代表 x 岁的被保险人在第 t 个保险年度（$t-1$ 时刻到 t 时刻）发生死亡的概率，${}_{T-1}p_x$ 代表 x 岁的被保险人在 $T-1$ 时刻仍然存活的概率，${}_{t-1|1}q_{x+t_0}$ 代表 $x + t_0$ 岁的被保险人在 t 个保险年度发生死亡的概率，${}_{T-t_0-1}p_{x+t_0}$ 代表 $x + t_0$ 岁的被保险人在 $T-1$ 时刻仍然存活的概率，趸缴保费 P 和准备金可以被理解为未来死亡给付利益的折现值。

假设在 t 个保单年度，被保险人发生保险事故，保险人给付的保险金额以 δ_t 的比例调整，即

$$C_t = C_{t-1}(1 + \delta_t), t = 1, 2, \cdots T \qquad (5-45)$$

$$C_t = C_0 \prod_{t=1}^{T} (1 + \delta_t), t = 1, 2, \cdots T \qquad (5-46)$$

其中，

$$\delta_t = \max\left\{ \frac{\eta g_t - i}{1 + i}, 0 \right\} \qquad (5-47)$$

参数 η 代表投资收益率中用于分配给保单持有人的比例，一般在 0 到 1 之间，假设其为不变，g_t 代表支持准备金的资产组合的投资收益率，i 代表保单的最低保证利率，万能产品的结算利率为 ηg_t 与 i 的较大者［结算利率为 $\max(\eta g_t, i)$］，由式（5-41）可知，δ_t 与结算利率存在如下的函数关系：

$$\delta_t(1 + i) + i = \max(\eta g_t, i) \qquad (5-48)$$

可以将未来的保险给付都视为一种未定权益，然后借用 Harrison 和 Kreps（1979）提出的鞅方法来对其进行讨论。在考虑到死亡风险下对保单公允价格和准备金进行计算和评估。

假设完全竞争、无摩擦、无套利的资本市场，死亡风险和金融风险不相关，所有参与者都有完全的、相同的信息。r 代表市场利率或评估利率，假设其为确定的和不变的。使用定义在概率空间（$\Omega\delta$，Q）上的标准布朗运动来表示资产组合价值，Q 代表等价鞅测度，在该测度下，任何资产的折现价格都是鞅。

假设投资组合充分分散并且能够无限分割，股息票息都可以立刻进行再投资定义 G_t 为投资组合的单位价格，其服从标准布朗运动：

$$\frac{dG_t}{G_t} = rdt + \sigma dW_t, t \in [0, T] \qquad (5-49)$$

σ 代表投资组合波动率参数，在 G_0 给定的情况下，上述随机微分方程可表述为

$$G_t = G_0 \exp\{(r - \sigma^2/2)t + \sigma W_t\} \qquad (5-50)$$

投资组合的收益率 g_t 为

$$g_t = \frac{G_t}{G_{t-1}} - 1 \qquad (5-51)$$

则 $1 + g_t = \exp\{r - \sigma^2/2 + \sigma(W_t - W_{t-1})\}$ 是独立同分布的，它的对数形式代表资产组合的连续收益率，服从均值为 $r - \sigma^2/2$，方差为 σ^2 的正态分布。由此可见，红利率 δ_t 也是独立同分布的。

为了计算未定权益 C_t 在零时刻的价值 $\pi(C_t)$，借用 Harrison 和 Kreps（1979）的鞅方法，在风险中性测度下有下列关系存在下属关系：

$$\pi(C_t) = E^Q[\exp\{-rt\}C_t], t = 1, 2, \cdots, T \qquad (5-52)$$

由式（5-40）及式（5-46），$\pi(C_t)$ 也可以表述为

$$\pi(C_t) = C_0 \prod_{j=1}^{t} (\exp\{-r\} + \frac{\eta}{1+i}E^Q[\exp\{-r\}\max\{(1+g_j) -$$
$$(1+i/\eta), 0\}]) \qquad (5-53)$$

在式（5-47）中，期望值方括号内的部分可以理解为初始价格为1的无股息分配型欧式看涨期权在零时刻的价值，期权的执行价格为 $1+i/\eta$，如果使用 Black-Scholes 期权定价模型来表述该部分的价值（用 c 表示），则式（5-47）可表述为

$$\pi(C_t) = C_0 \left(\exp\{-r\} + \frac{\eta}{1+i}c\right)^t \qquad (5-54)$$

期权价格 c 可以使用 Black-Scholes 期权定价公式求解：

$$c = F(d_1) - (1+i/\eta)\exp\{-r\}F(d_2) \qquad (5-55)$$

其中，$d_1 = \dfrac{r + \sigma^2/2 - \ln(1+i/\eta)}{\sigma}, d_2 = d_1 - \sigma$，$F(\cdot)$ 为标准正态分布函数，则趸缴保费万能型寿险合同的公允价格 FVB 可表述为

$$FVB = C_0 (\sum_{t=1}^{T-1} {}_{t-1|1}q_x v_*{}^t + {}_{T-1}p_x v_*{}^{T-1}) \qquad (5-56)$$

其中，$v_* = \exp\{-r\} + \dfrac{\eta}{1+i}c$，$t_0$ 时刻的准备金为

$$V_{t_0} = C_0 (\sum_{t=1}^{T-t_0-1} {}_{t-1|1}q_{x+t_0} v_*{}^t + {}_{T-t_0-1}p_{x+t_0} v_*{}^{T-1}) \qquad (5-57)$$

下面讨论在公允定价条件下，万能型保险合同所具有的性质。

定理 5-1：万能型产品是公允定价的，且仅当下列等式成立时

$$\exp\{-r\}(1+i) + \eta c - 1 = 0 \qquad (5-58)$$

证明：由以上所述可知，仅当 $K(i) = K(i^*)$ 时，万能型产品才

是被公允定价的。其中：

$$K(y) = A_{x:\overline{T}|} = \sum_{t=1}^{T-1} {}_{t-1|1}q_x (1 + y)^{-t} + {}_{T-1}p_x (1 + y)^{-t}$$

$$(5 - 59)$$

在上述两种情况下，K 都是 y 的减函数，当且仅当 $i = i^*$ 时，式 (5-54) 才成立。上述条件也可以改写为

$$v = v_* = \exp(-r) + \frac{\eta}{1 + i}c \Rightarrow \exp\{-r\}(1 + i) + \eta c - 1 = 0$$

$$(5 - 60)$$

得证。

由定理 5 – 1 可知，无风险利率水平 r、最低保证利率水平 i、投资分配比例 η 及波动率系数 σ 四个参数存在一定的函数关系。Bacinello（2001）进一步证实，为了使万能型产品被公允定价，保险公司只能选择上述三个参数值，另一个参数值是由模型唯一内生决定的。

（二）参数选择

1. 无风险利率的选择

无风险利率是指将资金投资于某一项没有任何风险的投资对象而能得到的利率。要选择无风险利率首先必须确定无风险利率所依附的一个或几个标的的资产，即什么样的金融资产才能充当无风险资产，然后再以其收益率作为无风险的基准利率。从 CAPM 模型的角度考虑，可以充当无风险利率标的的资产应当具备以下特征：

（1）具有完整的利率期限结构。

（2）该资产的信用等级高，基本无违约风险。

（3）流动性强，二级市场参与程度高。

（4）收益率稳定，可控性较好，且与其他资产的关联性较强。

根据上述特征来看，国债利率、银行同业拆借利率以及互换利

率都可能充当无风险利率。选择国债利率作为无风险利率主要有以下几点优势：

（1）国债的信用风险较小，国债以国家信用作为偿付保证，具有非常小的信用风险，评级机构会给予国债最高的信用等级。一般认为，国债不存在违约风险。当然，从2008年爆发的国际金融危机可以看出，国债并非没有信用风险，希腊的债务危机就是很好的例子。

（2）国债具有较合理的期限结构。从最近几年的国债市场来看，关键期限的国债已实现了滚动发行，发行和存量期限结构趋于合理。

（3）国债具有较强的流动性。以3年期国债750个交易日（时间期间为2007年1月4日至2009年12月31日）的收益率的平均值作为无风险利率水平，计算得到的无风险利率为2.9237%。

2. 保证利率水平的确定

保证利率是指保险公司对被保险人个人账户的增值所承诺的最低年保证利率。1997年，保险业首次启用预定利率，将寿险保费预定利率上下限设为年复利4%~6.5%。之前，由于人身险公司多采用高预定利率，随着中央银行屡次降息，保险业背负上沉重的利差损包袱。1999年，保监会正式规定，寿险保单（包括含预定利率因素的健康险保单）的保证利率为不超过年复利的2.5%。此后，该预定利率成为各家寿险公司产品定价的"高压线"。在当时的环境下，该规定不仅使保险业避免了新的利差损产生，而且在一定程度上维护了保险市场的健康发展。但是，随着保险市场的日趋成熟和保险公司治理结构的逐步完善，2.5%的预定利率在某种程度上逐步成为制约保险公司灵活发展的因素之一。同时，银行利率水平和各种理财产品收益率不断提高，也对传统寿险产品销售形成巨大冲击。有鉴于此，保监会2010年7月9日下发的《关于人身保险预定利率有关事项的通知（征求意见稿）》（保监厅函〔2010〕308 号）（以下简称《通知》），决定放开传统人身保险（传统寿险）预定利率。《通知》规定，保险公司在 1999 年 6 月 10 日及以前签发的传统人身保险保单法定最高评估利率为 7.5%，1999 年 6 月 10 日以后签发的传统人身保险保单法定最高评估利率为 3.5%。而分红险的预定利率、万能险的最低保证利率不得高于年复利的 2.5%。可见，虽然新的文件提高了传统产品的预定利率，但是对于分红型和万能型产品，其预定利率或最低保证利率水平没有变化，仍为 2.5%。因此，本书设定的保证最低利率为 2.5%。

3. 资产组合波动率的确定

投资组合的波动率取决于组合中各种资产的份额和其投资收益率的波动，为了简单起见，本书假设万能型产品的资金只投资于股票、债券、银行存款，投资比例分别为 5%、80%、15%。在此基础上计算投资组合的波动率，股票收益率选取沪市综合指数，债券收益率选取五年期国债收益率，银行存款收益率选取银行间 1 年期同业拆放利率。资产组合投资收益波动率 σ^2 为

$$\sigma^2 = x_1^2 \sigma_d^2 + x_2^2 \sigma_b^2 + x_3^2 \sigma_s^2 + 2x_1 x_2 \operatorname{cov}_{db} +$$
$$2x_1 x_3 \operatorname{cov}_{ds} + 2x_2 x_3 \operatorname{cov}_{bs} = 0.03863590$$

其中，σ^2 代表投资组合波动率，σ_d^2、σ_b^2、σ_s^2 分别代表银行存款、债券及股票波动率，x_1、x_2、x_3 分别代表上述三种资产在组合中所占的比例。cov_{db}、cov_{ds}、cov_{bs} 分别代表三种资产收益率的相关关系。

4. 投资分配比例的确定

在无风险利率水平、保证利率水平和资产组合的风险水平给定的情况下，由上述定理可知，投资分配比例是唯一内生确定的，由式（5-55）和式（5-60）可知投资分配比例为 0.768，期权的价格 c 和公允价值贴现率分别为

$$c = (1 - \exp(-r) \times (1 + i))/\eta = 0.0188$$

$$v_* = \exp\{-r\} + \frac{\eta}{1 + i}c = 0.975609 \tag{5-61}$$

（三）万能型产品准备金评估实例

产品类型：趸缴保费万能型两全保险

缴费方式：趸缴

趸缴保费：10 万元

保险金额：身故给付 = 风险保额 + 账户价值

投保人年龄：40 岁

保险期间：终身

评估死亡率选择：中国人寿保险业经验生命表（2000—2003年）男子表

表 5-14 给出了未考虑期权价值和考虑期权价值万能型产品准备金的计算值。

表 5-14　　　　　　　　万能型产品准备金

年份	未考虑期权价值的准备金（元）	考虑期到期权价值的准备金（元）	比值
1	49105.65317	53327.99674	1.085985
2	51520.83027	55547.98965	1.078166
3	52734.17752	56673.33099	1.074698
4	54447.5619	58245.37812	1.069752
5	55970.46344	59640.63571	1.065573
6	57534.96047	61068.30456	1.061412
7	59142.11908	62529.05755	1.057268
8	60793.2151	64023.77728	1.05314
9	61837.88218	64975.37883	1.050737
10	64235.03165	67120.84068	1.044926
11	66029.20391	68725.63988	1.040837
12	67875.32682	70370.2519	1.036757
13	69775.79476	72056.43319	1.032685

续表

年份	未考虑期权价值的准备金（元）	考虑期到期权价值的准备金（元）	比值
14	71733.42154	73786.30722	1.028618
15	73751.76374	75562.58293	1.024553
16	75834.52651	77388.07413	1.020486
17	77985.85192	79265.96167	1.016415
18	80210.42383	81199.81086	1.012335
19	82513.9922	83194.13079	1.008243
20	85522.06224	86224.60646	1.008215

从表5-14中可以看出，使用传统方法会低估准备金，而且在初始年度低估的幅度最大，低估约8.6%，之后，准备金低估的幅度逐年降低。造成这种情况的主要原因在于传统方法并未考虑到最低利率保证的价值，换句话说，传统方法没有考虑隐性期权的价值，本书使用期权定价方法将最低利率保证因素考虑到准备金的评估中，可以较好地反映万能型产品准备金的真实水平。

三、投连型产品准备金评估

保监会《关于印发人身保险新型产品精算规定的通知》（保监发〔2003〕67号）中规定，投连型产品的责任准备金可分为单位准备金和非单位准备金两个部分。其中：

（一）单位准备金等于准备金评估日的个人投资账户价值。个人投资账户价值使用投资单位卖出价计算。

（二）为确保将来对个人投资账户之外的理赔、营业费用等支出有足够的支付能力，公司精算责任人应遵循一般被普遍认可的精算原则决定是否提取非单位准备金及其提取方法。

为了简单起见，本书将仅考虑单位准备金（假设准备金为个人账户价值），这种简化虽然会给随机规划模型的计算结果带来一定的误差，但并不影响模型本身的实用性。

第三节　本章小结

保险负债现金流主要包括死亡给付、退保给付、红利给付和费用支出等，这些负债现金流在未来具有一定的不确定性。

本章第一节主要构建负债现金流模型，使用带有惩罚的泊松对数双线模型对死亡率进行建模，并对未来死亡率进行预测。研究发现，未来各个年龄段被保险人的死亡率都会下降，死亡率改进较为明显；退保率主要受市场利率和产品保证利率的影响，本章使用对退保率构建的一元回归模型，实证分析后发现，退保率与利差呈显著负相关关系。红利给付额度是随机规划模型的决策变量之一，因此没有必要对其单独建模，本章只对红利来源和红利计算方法进行简单介绍；费用的估计和分配是保险公司最为复杂的实务问题，本章并不对其进行建模，只对费用进行假设，并在第六章实证部分对费用假设作敏感性分析。

本章第二节对新型寿险产品的负债评估问题进行了较为详细的分析。对于分红型寿险产品，主要介绍了 FPT 方法和 CARVM 方法，并使用实例对两种方法的评估结果进行了比较。研究发现，CARVM 方法对准备金的评估更加谨慎，鉴于我国分红型产品多为带有储蓄性质的两全型产品，其责任准备金的评估更需要谨慎。笔者建议，对分红型产品的责任准备金评估采用 CARVM 方法。万能型产品通常有最低保证利率，保证利率对投保人来说有一定的价值，而对保险公司来说是一种负债，传统方法往往未考虑这种负债，因此，传统方法会低估万能型产品的准备金，换句话说，传统方法没有考虑保证利率隐性期权的价值。笔者使用期权定价方法将最低利率保证因素考虑到准备金的评估中，可以较好地反映万能型产品准备金的真实水平。最后，对于投连型保险，笔者使用单位准备金代替总的责任准备金。

第六章　实例应用

结合第四章构建的资产收益率情景树和第五章构建的负债情景，本章将资产负债管理随机规划模型实际应用于新型寿险业务中，并对模型涉及的相关参数进行敏感性分析。

第一节　对分红型产品的应用分析

一、产品的介绍及相关假设

分红型保险是指保单持有人享有盈余分配权的险种，即将保险公司的盈余每年以一定的比例分配给保单持有人。分红型产品的传统做法是在费率厘定时使用较为保守的利率、死亡率、费用率等定价因素，并根据实际的投资收益、死亡赔付以及费用发生情况与相应的预期水平之差进行分红，即保单的红利来源于保险公司经营所产生的死差益、利差益以及费差益。分红险中的分红是调节保单持有人与保险公司之间利益的工具，是保单的一种功能，而并不是此类保险中的保险利益，它是不确定的。分红型产品一般都有一个保证利率，对于分红型产品，保单持有人承担了部分的投资风险。

在经历了 20 世纪 90 年代初的高利率时期后，自 1997 年之后的两年时间里，人民银行连续 7 次下调银行存贷款利率，保险公司在高利率时期销售的保单形成严重的利差损，为了防范利差损的进一步扩大以及形成新的利差损，一方面，保监会将保险公司的定价利率下调到 2.5%；另一方面，保险公司纷纷开发新型寿险产品，其中分红型产品就是其中之一。

分红型产品自 1992 年在我国首次推出到现在不到 20 年的时间里，发展速度惊人，其保费收入已成为总保费收入的中坚力量。以 2008 年为例，我国寿险公司在该年度实现总保费收入 7561.7 亿元，其中分红型产品实现保费收入 3804.7 亿元，占总保费收入的 50.3%。

以中国人寿保险公司的国寿鸿祥分红型两全保险为例，使用随机规划模型对其进行资产负债管理实证分析，该产品的基本特征为：

产品类型：分红型两全保险。

投保年龄：18～60 周岁。

保险期间：至被保险人 70 周岁。

缴费方式：期缴或趸缴。

保险金额：身故或满期给付保险金额，同时保险合同终止。

红利分配方式：现金红利。

红利计算方法：贡献法。

相关假设为：

（1）投保年龄：40 岁男性。

（2）保费缴纳：每年 4060 元，20 年期缴。

（3）保险金额：10 万元。

（4）保费收入发生在期初，保险给付和费用支出则发生在期末。

（5）投资组合在期初确定并在未来的各个节点可以发生变化。

（6）费用假设是所有假设中最为复杂的一个，保险公司的费用情况根据公司的费用结构、业务规模、产品结构、险种性质、管理制度、经营效益等各方面的差异而有所不同。为了降低模型的复杂程度，本书将分红型产品的费用分为初始费用和续年费用，并对这两项费用作出以下简单假设：

（1）初始费用为初始年度保费的20%。

（2）续年费用为当年保费收入的5%。

二、模型的描述

分红型产品资产负债管理随机规划模型为

$$\max \sum_{l \in \Omega} p^l \times U\left\{\frac{profit_T^l}{C}\right\} \tag{6-1}$$

s. t.

$$\sum_{i=1}^{I} X_{itn}^b + DBpayment_{tn} + Div_{tn} + f_{tn} + S_{tn} = \sum_{i=1}^{I} X_{itn}^s + premium_{tn} \tag{6-2}$$

$$A_{tn} = \sum_{i=1}^{I} X_{itn}^h = \sum_{i=1}^{I} X_{i,t-1,\hat{n}}^h (1 + r_{itn}) +$$

$$premium_{tn} - DBpayment_{tn} - Div_{tn} - f_{tn} - S_{tn} \tag{6-3}$$

$$C + premium_0 = \sum_{i=1}^{I} X_{i01}^h \tag{6-4}$$

$$X_{i01}^h = X_i^{ini} - X_{i01}^s + X_{i01}^b \tag{6-5}$$

$$X_{itn}^h = (1 + r_{itn}) X_{i,t-1,\hat{n}}^h - X_{itn}^s + X_{itn}^b \tag{6-6}$$

$$X_{itn}^h >= 0, X_{itn}^s >= 0, X_{itn}^b >= 0 \tag{6-7}$$

$$X_{itn}^s \times X_{itn}^b = 0 \tag{6-8}$$

$$\sum_{i=1}^{I} r_{itn} \times X_{i,t-1,\hat{n}}^h \geqslant \rho \times \sum_{i=1}^{I} X_{i,t-1,\hat{n}}^h \tag{6-9}$$

$$l_i \times A_{tn} \leqslant X_{itn}^h \leqslant u_i \times A_{tn} \tag{6-10}$$

$$profit_{tn} = E_{tn} - C \tag{6-11}$$

$$Div_{tn} = \eta \times profit_{tn} \tag{6-12}$$

$$E_{tn} = A_{tn} - L_{tn} \tag{6-13}$$

$$E_{tn}/MR_{tn} \geqslant 150\% \tag{6-14}$$

其中，式（6-1）为模型的目标函数；式（6-2）、式（6-3）和式（6-4）为现金流平衡约束；式（6-5）和式（6-6）为账户平衡约束；式（6-7）保证各种资产不能卖空；式（6-8）保证在各期初不能同时买卖某种资产，同时买卖某种资产毫无意义，只会增加交易成本；式（6-9）为利率保证条件；式（6-10）为资产的投资比例限制；式（6-11）为利润约束；式（6-12）为红利分配额度约束；式（6-13）为偿付能力额度资本约束；式（6-14）为偿付能力充足率约束。各个变量的含义详见第三章。

三、模型的求解

随机规划模型的规模将随着决策阶段的增加而增大。为了解决维数增加带来的麻烦，必须构建特殊的结构，并且采用适合的优化算法。考虑两个计划期，每个时期假设未来有四种可能的情景发生，这样情景树的结构为1-4-4，其共有21个节点、存在224个约束条件、91个决策变量的非线性规划问题。为了体现多阶段规划模型的优越性，本书使用一个固定比例模型（Consiglio et al, 2006）作为基准与之相比较。所谓固定比例模型是指在上述随机规划模型的基础上加上一个约束条件，从而保持每个时期各种情景下资产的投资比例保持不变。即

$$X_{it_1,n}^h \Big/ \sum_{i=1}^{I} X_{it_1,n}^h = X_{it_2,n}^h \Big/ \sum_{i=1}^{I} X_{it_2,n}^h \qquad (6-15)$$

使用 lingo 软件建模并对上述两个模型进行求解，表6-1给出了求解结果。

表6-1　　　　　　　　优化模型的求解结果

	资本要求	期望效用	存款占比（%）	债券占比（%）	股票占比（%）
随机规划模型	1.088	702.41	14.11	76.40	9.49
固定比例模型	2.014	417.56	16.13	80.81	3.06

分析表6-1可以得到以下三点结论：

（1）与投资组合不变的固定比例模型相比，随机规划模型的资本要求降低了 45.98%，而期望效用水平增加了 68.22%，可见，随机规划模型能够在降低产品线的资本要求的同时增加期望效用水平。因此，随机规划模型要优于固定比例模型，主要原因在于固定比例模型没有考虑组合收益率的未来变化，而随机规划模型能够根据未来的各种不同情景下收益率的变化对投资组合进行充分的调整，使未来各个时期的组合收益率达到最大，并尽量规避可能的下方风险。而 Ziemba（2007）的研究表明，固定比例模型又要优于遵循买入并持有到期的匹配模型，因此，随机规划模型优于传统的匹配模型。这点与 Hilli et al（2007）在研究养老金资产负债管理中的结论相同。

（2）分析随机规划模型的优化结果，资本需求 1.088，而期望效用水平高达 702.41，资本需求与首期保费比仅为 0.000251。造成这种结果的原因可能有以下三点：首先，未考虑费用准备金和意外死亡给付准备金，从而低估了总准备金；其次，未考虑意外死亡给付现金流出；最后，对当期费用支出的低估也是导致这种情况的一种可能的原因。总之，上述因素都会导致计划期末产品线利润较高，从而降低资本需求，提高期望效用水平。虽然规划结果存在上述偏差，但是这并不影响本模型的实用性，如果能够获得更加完整的数据，那么相信可以获得更加可靠的决策变量。

（3）从投资组合中各种资产的占比来看，银行存款约占 10%，银行存款的风险较低，然而，其平均收益率却低于债券和股票（股票收益率均值为 15.15%，国债收益率均值为 5.65%，银行存款利率的均值为 3.45%），因此持有的比例不能过高；国债的持有比例较高，主要原因在于与银行存款相比其收益率较高，而与股票相比其风险较低，所以，债券的持有量都维持在 80% 左右的水平上；股票的持有量都在 10% 以下，虽然从长期来看，股票的平均收益率为 19.9%，远远高于存款和国债的收益率，但是与银行存款相比，股票的风险还是很大的（股票收益率的标准差为51.15%，国债收益率的标准差为5.65%，存款利率的标准差为2.45%），因此，10%以下的持有比例还是较为合理的。

四、参数的敏感性分析

下面对模型所涉及的参数做敏感性分析。所谓参数的敏感性分析是指当模型中的某些参数发生改变时最优解的变化情况。

（一）情景树敏感性分析

情景树的抽样方法会影响优化模型的结果，使用随机抽样方法生成五个情景树，然后对模型进行优化，表6-2给出了优化结果。

表6-2　　　　　　　　基于随机抽样的优化结果

情景	初始资本要求	期望效用水平	股票占比（%）	债券占比（%）	存款占比（%）
情景树1	1.057	704.81	10.43	76.17	13.40
情景树2	1.025	714.76	14.51	72.35	13.14
情景树3	1.033	719.35	11.11	70.27	19.62
情景树4	1.047	706.76	7.46	78.14	14.40
情景树5	1.038	717.31	6.92	82.31	10.77
五种情景的均值	1.04	712.59	10.09	75.85	14.27
五种情景的方差	0.012	6.4653	3.07	4.76	3.28

从表6-2可知，随机抽样方法会使优化结果存在较大的波动性，造成优化结果波动较大的主要原因在于随机抽样方法生成的稀疏的未来情景不能很好地代表资产收益率的真实概率分布，在每个节点上，仅有五个情景代表资产收益率未来的概率分布，这显然是不够的。处理上述问题最有效的方法就是增加每期生成节点的个数，然而如果每期节点都增加，会使总节点个数呈几何状态增加，从而

大大增加随机规划问题的难度。同时，随机抽样方法并不能排除情景树上的套利机会。表6-3给出了使用调整随机抽样方法构建的情景树得到的优化结果，从表6-3可知，调整随机抽样方法虽然会使模型解的误差降低，但最优解仍然存在一定的波动。

表6-3　　　　　　　　基于调整随机抽样方法的优化结果

情景	初始资本要求	期望效用水平	股票占比（%）	债券占比（%）	存款占比（%）
情景树1	1.061	704.31	11.14	71.34	17.52
情景树2	1.051	708.17	12.16	71.71	16.13
情景树3	1.046	706.17	11.84	70.58	17.58
情景树4	1.058	706.79	10.95	72.11	16.94
情景树5	1.044	707.59	12.22	72.81	14.97
情景树6	1.055	708.91	11.99	71.93	16.08
五种情景的均值	1.0525	706.99	11.72	71.75	16.54
五种情景的方差	0.0067157	1.6330095	0.54	0.75	1.00

总之，情景树的构建方法对模型求解的有效性至关重要，随机抽样会使模型结果非常不稳定，因此，随机抽样并非理想的情景树生成方法。

（二）预定利率敏感性分析

本书最初使用的保证预定利率水平为2.5%，下面分析在预定利率水平发生改变的情况下资本要求、期望效用水平及投资组合将会发生何种改变。

表6-4给出了在其他因素不变的情况下各种预定利率水平对应的资本要求、期望效用水平及零时刻最优投资组合，分析表6-4可以得到以下结论：

首先，最低保证利率与资本要求呈正相关关系，当预定利率水平增加0.5%，最优资本要求大约会增加0.37。出现这种情况的主要原因在于当保证利率水平增加时，保险公司未来的投资压力增加，公司会将更多的资产投资到高风险的股票市场，出现偿付能力不足的可能性也会增加。为了使公司偿付能力始终处于监管要求的充足率水平，公司需要持有更多的初始资本以应对未来投资市场各种不利情况的发生。当然，虽然较高的保证利率水平对公司实现既定的利润目标不利，但是过低的最低保证利率水平也会使保单的竞争力下降，销量减少，退保率增加，从而影响公司整体财务目标的实现。因此，公司需要权衡利弊，从而找到最优的利率水平。我国经济在20世纪90年代处于高利率、高通货膨胀率时期。在这个时期，保险公司发行的保单的预定利率水平都很高，有的甚至高达20%。然而，自从1996年开始，中国人民银行连续8次降息，一年期存款利率从10.98%一直降到了1.98%，存款利率的降低使之前发行的老保单产生了严重的利差损，为了防止利差损的进一步扩大，各个保险公司纷纷开发了以分红、投连及万能为代表的新型寿险产品，同时，为了控制保险公司的利率风险，监管机构也出台了法规，要求保险公司新型寿险产品的保证利率为2.5%，那么这样的保证利率水平是否合适？是高了还是低了？从表面上看，虽然在这之后的绝大部分时期，一年期银行存款的利率均高于2.5%，但是，随着我国经济泡沫的不断膨胀，对泡沫破灭的预期越来越明确，未来我国是否会出现日本的零利率甚至负利率还很难说，虽然这种情况是保险公司不愿看到的，但确实是一种潜在的风险。另外，随着保险业竞争的不断加剧，公司的承保利润不断降低，有的时候甚至为负数，保险公司更多依靠有效的投资弥补定价的不足，实现一定的利润，因此，投资组合获得较高的收益率对保险公司来说显得越来越重要。

其次，保证利率水平与期望效用水平呈负相关关系，保证利率的提高将会降低公司的期望效用水平，反之则相反。主要原因在于为保证利率水平的增加而降低了保险公司该产品线的利差收益，使公司在未来各种情景下的产品收益率都下降了，进而降低了该产品在计划期内的期望效用水平。

最后，为保证利率水平的增加，保险公司的投资策略更加激进。为了获得更高的投资收益率，保险公司将会进行更多的高风险投资，将更多的资产投资于股票市场，而债券投资和银行存款则相应降低。

表 6－4　　　　　　　　　　　**预定利率水平敏感性分析**

保证利率水平（%）	1.50	2	2.50	3	3.50
资本要求	0.691	0.834	1.088	1.874	2.177
期望效用水平	825.78	789.45	702.41	643.81	578.91
银行存款占比（%）	13.67	12.67	14.11	12.76	11.34
债券占比（%）	78.67	79.93	76.40	71.11	60.98
股票占比（%）	7.66	7.40	9.49	16.13	27.68

（三）红利分配比例敏感性分析

本书最初使用的红利分配比例为 70%。下面分析在红利分配比例发生改变的情况下，资本要求、期望效用水平及投资组合将会发生何种改变。表 6－5 给出了不同红利分配比例下的资本要求、期望效用水平及最优投资组合。分析表 6－5 可以得到以下结论：

首先，红利分配比例与最优资本要求呈负相关关系，红利分配比例每增加 10%，资本要求大约会增加 0.093，而且，随着红利分配比例的增加，资本要求的增加幅度会变高，主要原因是当红利分配比例增加时，保险公司将更多的当年利润分配给了保单持有人，那么未来年度发生亏损及偿付能力不足的可能性会增加，因此，保险公司需要更多的初始资本以应对这种不利情况的发生。降低红利分配比例虽然能够降低保险公司的资本要求，增加期望效用水平，但是也会引起退保率的增加，不利于公司的长期发展。因此，从目前我国的实际情况来看，绝大多数保险公司的红利分配比例为监管机构规定的 70% 的最低水平。

其次，红利分配比例与期望效用水平呈负相关关系，红利分配比例增加使保险公司的期望效用水平降低，原因很好解释，在利润一定的情况下，分配给保单持有人的红利比例越大，保险公司自留的利润就越少，期望效用水平自然也会相应降低。

表 6-5　　　　　　红利分配比例敏感性分析

红利分配比例（%）	40.00	50.00	60.00	70.00	80.00	90.00
资本要求	0.864	0.917	0.996	1.088	1.197	1.329
期望效用水平	761.69	745.19	723.43	702.41	684.61	646.71
银行存款占比（%）	12.69	23.56	18.78	14.11	15.39	17.67
债券占比（%）	69.71	70.78	68.94	76.40	64.96	68.76
股票占比（%）	17.60	5.66	12.28	9.49	19.65	13.57

（四）风险厌恶水平敏感性分析

投资者的风险厌恶程度（效用函数的风险厌恶系数 β）也会对最优的资本要求、期望效用水平及投资组合产生影响。表 6-6 给出了不同风险厌恶系数下的资本要求、期望效用水平及零时刻最优投资组合。分析表 6-6 可以得到以下结论：首先，风险厌恶系数与资本要求呈正相关，风险厌恶水平每增加 0.1，保险公司需要持有的最优资本要求会增加 2.43，主要原因在于随着风险厌恶水平的增加，保险公司对未来的可能偿付能力不足风险会采取更加谨慎的规避态度，因此需要持有更多的初始资本。其次，风险厌恶系数与期望效用水平呈负相关，风险厌恶水平的增加降低了保险公司的期望效用水平。最后，随着风险厌恶水平的增加，保险公司会更倾向于采取更加保守的投资组合，将更多地投资于风险较小的资产（债券和银行存款），同时降低市场价值波动较大的资产（股票）的投资比例。

需要强调的是，对效用函数及风险厌恶系数的选择往往带有非常大的主观性和随意性，本书难以确切知道保险公司的效用函数及风险厌恶系数，一般假设保险公司为风险中立。

表 6 – 6　　　　　　　　　　风险厌恶系数敏感性分析

风险厌恶系数	0.1	0.3	0.5	0.7	0.9
资本要求	0.121	0.467	1.08	2.54	9.83
期望效用水平	11384	2295.12	702.41	180.51	15.55
银行存款占比（%）	15.32	15.43	14.11	12.31	10.43
债券占比（%）	60.29	69.34	76.40	79.87	83.68
股票占比（%）	24.39	15.23	9.49	7.82	5.89

（五）偿付能力充足率敏感性分析

本书最初选择的偿付能力充足率为150%，下面分析当偿付能力充足率要求水平发生改变的情况下资本要求、期望效用水平及投资组合将会发生怎样的改变。表6 – 7给出了不同偿付能力充足率水平下的资本要求、期望效用水平及最优投资组合策略。分析表6 – 7可以得到以下结论：

首先，偿付能力充足率与最优资本要求呈正相关关系。偿付能力充足率增加50%，资本要求会增加约0.476，偿付能力充足率的提高意味着保险公司需要持有更多的初始资本以应对监管机构的要求。

其次，偿付能力充足率与期望效用水平呈负相关关系。

最后，偿付能力水平的提高会使保险公司采取更加谨慎的投资组合，投资于股票的比例会下降，而债券及银行存款的比例会增加。

表 6 – 7　　　　　　　　　偿付能力充足率敏感性分析

偿付能力充足率（%）	100	150	200	250	300
资本要求	0.996	1.088	1.358	1.905	2.897
期望效用水平	788.04	702.41	599.98	479.91	381.84
银行存款占比（%）	12.56	14.11	13.34	18.78	11.36
债券占比（%）	73.49	76.40	78.62	71.56	80.06
股票占比（%）	13.95	9.49	8.04	9.66	8.58

（六）费用水平敏感性分析

下面分析在费用水平发生改变时，资本要求、期望效用水平及投资组合将会发生何种改变。表6-8给出了不同费用率水平变化下的资本要求、期望效用水平及零时刻最优投资组合。分析表6-8可以得到以下结论：

首先，费用水平与资本要求呈正相关关系，费用水平增加25%，资本要求会增加约0.0485，主要原因在于费用水平增加会使保险公司的支出增加，从而侵蚀了利润，严重的情况可能危及公司的偿付能力，因此，需要持有更多的初始资本以应对这种不足。与国外的保险公司相比，我国保险公司的费用率一直较高（特别是对刚刚开业的保险公司来说）。较高的费用率降低了公司的利润水平，增加了未来偿付能力出现问题的可能性。因此，如何在不降低服务水平的情况下有效地降低保险公司的各种费用，是摆在公司管理者面前的一道难题。

其次，费用水平与期望效用水平呈负相关关系，过多的费用支出会使产品的利润率下降，进而使期望效用水平降低。

最后，费用水平的变化对投资组合的影响不明显。

表6-8　　　　　　　　　费用率敏感性分析

退保率变化（%）	-50	-25	0	25	50
资本要求	1.001	1.046	1.088	1.137	1.195
期望效用水平	865.02	782.78	702.41	624.66	549.35
银行存款占比（%）	16.69	14.76	14.11	15.75	17.95
债券占比（%）	68.81	69.91	76.40	75.55	71.19
股票占比（%）	14.50	15.33	9.49	8.70	10.86

第二节　对万能型产品的应用分析

一、产品的介绍及相关假设

万能型保险是指可以任意支付保险费、任意调整死亡保险金给付金额的人寿保险。也就是说，除了支付某一个最低金额的第一期保险费以后，投保人可以在任何时间支付任何金额的保险费，并且任意提高或者降低死亡给付金额，只要保单积存的现金价值足够支付以后各期的成本和费用就可以了。万能险现金价值的计算有一个最低的保证利率，保证了最低的收益率。保证利率对保险公司的财务产生非常深刻的影响。

本章以太平洋人寿保险公司的华彩人生（B）万能型终身寿险为例，使用第三章的随机规划模型对其进行资产负债管理实证分析，该产品的基本特征为：

产品类型：万能型寿险。

投保年龄：18 ~ 60 周岁。

保险期间：终身。

缴费方式：期缴保险费。

保险金额：若被保险人身故或全残，保险人按身故或全残时的保险金额给付身故或全残保险金，同时保险合同终止。

相关假设为：

（1）投保年龄：30 岁；

（2）保费缴纳：每年支付保险费 20000 元，持续缴费 20 年，且 5 年后又一次性追加了 100000 元的保费；

（3）保险金额：20 万元；

（4）保费收入发生在期初，保险给付和费用支出则发生在期末；

（5）投资组合在期初确定并在未来的各个节点可以进行调整；

（6）由于数据缺失，本书只考虑身故给付，不考虑全残给付；

（7）只考虑身故给付准备金，不考虑全残准备金和费用准备金；

（8）费用假设：一是初始费用为初始年度保费的 5%；二是续年费用为当年保费收入的 100 元。

二、模型描述

万能型寿险产品随机规划模型可表述为

$$\max \sum_{l \in \Omega} p^l \times U\left\{\frac{profit_T^l}{C}\right\} \qquad (6-16)$$

s. t.

$$\sum_{i=1}^{I} X_{itn}^b + DBpayment_{tn} + f_{tn} + S_{tn} = \sum_{i=1}^{I} X_{itn}^s + premium_{tn}$$

$$(6-17)$$

$$A_{tn} = \sum_{i=1}^{I} X_{itn}^h = \sum_{i=1}^{I} X_{i,t-1,\hat{n}}^h (1 + r_{itn}) +$$

$$premium_{tn} - DBpayment_{tn} - f_{tn} - S_{tn} \qquad (6-18)$$

$$C + premium_0 = \sum_{i=1}^{I} X_{i01}^h \qquad (6-19)$$

$$X_{i01}^h = X_i^{ini} - X_{i01}^s + X_{i01}^b \qquad (6-20)$$

$$X_{itn}^h = (1 + r_{itn})X_{i,t-1,\hat{n}}^h - X_{itn}^s + X_{itn}^b \qquad (6-21)$$

$$X_{itn}^h >= 0, X_{itn}^s >= 0, X_{itn}^b >= 0 \qquad (6-22)$$

$$X_{itn}^s \times X_{itn}^b = 0 \qquad (6-23)$$

$$\sum_{i=1}^{I} r_{itn} \times X_{i,t-1,\hat{n}}^h \geqslant \rho \times \sum_{i=1}^{I} X_{i,t-1,\hat{n}}^h \qquad (6-24)$$

$$l_i \times A_{tn} \leqslant X_{itn}^h \leqslant u_i \times A_{tn} \qquad (6-25)$$

$$E_{tn} = A_{tn} - L_{tn} \qquad (6-26)$$

$$profit_{tn} = E_{tn} - C \qquad (6-27)$$

$$E_{tn}/MR_{tn} \geqslant 150\% \qquad (6-28)$$

其中，式（6-16）为模型的目标函数；式（6-17）、式（6-18）和式（6-19）为现金流平衡约束；式（6-20）和式（6-21）为账户平衡约束；式（6-22）保证各种资产不能卖空；式（6-23）保证在各期初不能同时买卖某种资产，同时买卖某种资产毫无意义，只会增加交易成本；式（6-24）为利率保证条件；式（6-25）为资产的投资比例限制；式（6-26）为偿付能力额度资本约束；式（6-27）为利润约束；式（6-28）为偿付能力充足率约束。各个变量的含义详见第三章。

三、模型的求解

考虑两个计划期，每个时期假设未来有四种可能的情景发生，这样树的结构为 1-4-4，共有 21 个节点、193 个约束条件、85 个决策变量的非线性规划问题。使用 lingo 软件构建两个模型进行求解，表 6-9 给出了模型的优化结果。分析表 6-9 可以得到与分红型产品相似的结论，与投资组合不变的固定比例模型相比，随机规划模型的资本要求降低了 68.49%，而期望效用水平增加了 165.7%，可见，随机规划模型能够在降低产品线的资本要求的同时增加期望效用水平，因此，随机规划模型要优于固定比例模型，进而优于匹配模型。

表 6-9　　　　　　　　　　优化模型的结果

	资本要求	期望效用	存款占比（%）	债券占比（%）	股票占比（%）
随机规划模型	41.91229	255.8186	7.67	81.79	11.18
固定比例模型	132.9598	96.26166	8.36	81.64	10.00

四、参数的敏感性分析

（一）保证利率水平敏感性分析

表 6-10 给出了保证利率水平敏感性分析结果，保证利率水平的增加会增加资本要求，降低期望效用水平。与分红型产品不同的是，当保证利率水平低于 2% 时，资本要求、期望效用水平及投资组

合都不发生改变。可能的原因是当利率低于2%时，投资组合在各种情景下的收益率都大于2%，保证利率水平对优化模型不起作用。

表6－10　　　　　　保证利率水平敏感性分析

保证利率水平（％）	1.50	2	2.50	3	3.50
资本要求	41.78424	41.78424	41.91229	48.77512	65.2641
期望效用水平	255.843	255.843	255.8186	239.5373	196.2238
银行存款占比（％）	27.07	7.67	37.67	32.04	7.22
债券占比（％）	71.79	81.79	71.79	67.89	77.69
股票占比（％）	1.14	11.18	1.18	0.07	15.09

（二）风险厌恶水平敏感性分析

表6－11给出了风险厌恶水平敏感性分析结果，与分红型产品相似，风险厌恶系数的增加会提高产品线资本要求，降低期望效用水平。

表6－11　　　　　　风险厌恶水平敏感性分析

风险厌恶系数	0.1	0.3	0.5	0.7	0.9
资本要求	4.653319	17.95348	41.91229	97.91	379.8622
期望效用水平	4147.715	836.1217	255.8186	65.69965	5.642133
银行存款占比（％）	9.66	9.65	7.67	7.45	9.40
债券占比（％）	79.16	79.18	81.79	80.23	80.42
股票占比（％）	11.18	11.18	11.18	12.32	11.17

（三）偿付能力充足率敏感性分析

表6－12给出了偿付能力充足率敏感性分析结果，与分红型产品不同，对万能型产品来说，偿付能力充足率的改变不能改变资本要求、期望效用水平及最优投资组合，主要的原因在于本书低估了现金流出（如保险给付、费用支出等）和准备金水平（如本书未考虑费用准备金），从而高估了产品收益。产品线本身的盈余非常充足，即使不增加初始资本也能够满足偿付能力充足率提高的要求。

表 6－12   偿付能力充足率敏感性分析

偿付能力充足率（％）	100	150	200	250	300
资本要求	41.91229	41.91229	41.91229	41.91229	41.91229
期望效用水平	255.8186	255.8186	255.8186	255.8186	255.8186
银行存款占比（％）	7.67	7.67	7.67	7.67	7.67
债券占比（％）	81.79	81.79	81.79	81.79	81.79
股票占比（％）	11.18	11.18	11.18	11.18	11.18

（四）费用水平敏感性分析

表 6－13 给出了费用水平敏感性分析结果，费用的增加将会提高资本要求，降低期望效用水平。

表 6－13   费用水平敏感性分析

费用率变化（％）	－50	－25	0	25	50
资本要求	41.55554	41.73227	41.91229	42.09567	42.2825
期望效用水平	262.2935	259.0523	255.8186	252.5925	249.3742
银行存款占比（％）	10.22	5.73	7.67	10.57	6.35
债券占比（％）	79.19	83.09	81.79	79.02	83.65
股票占比（％）	10.59	11.17	11.18	10.41	10.00

第三节 对投连型产品的应用分析

一、产品的介绍及相关假设

投连险是指包含保险保障功能并至少在一个投资账户拥有一定资产价值的人身保险产品。投连险除了同传统寿险一样给予保户生命保障外，还可以让客户直接参与由保险公司管理的投资活动，将保单的价值与保险公司的投资业绩联系起来。投连型保险的大部分保费用来购买由保险公司设立的投资账户单位，由投资专家负责账户内资金的调动和投资决策，将保户的资金投在各种投资工具上，保单持有人承担全部投资风险。

本章以瑞泰人寿保险有限公司的瑞泰汇智之选投连险为例，使用第三章的随机规划模型对其进行资产负债管理，该产品的基本特征为：

该产品的基本特征为：

产品类型：投连险。

投保年龄：18～60 周岁。

保险期间：终身。

缴费方式：趸缴或期缴。

保险金额：

如果保费趸缴：

（1）前五个保单年度，风险保额为保单账户价值或保费的 105%；

（2）从保单的第六个保单年度开始，如果投保人选择放弃风险保额，则身故保险金额为该保单账户价值的 100%。

如果保费期缴：

（1）在合同生效的前五年，风险保额 = 105% × 账户价值 + 额外身故保险金；

（2）从合同生效后的第六年，取消额外身故保险金，如果投保人放弃风险保额，则身故保险金额为该保单账户价值的 100%。

相关假设为：

（1）投保年龄：30 岁。

（2）缴费：趸缴保费 10 万元。

（3）保险金额：前五个保单年度，风险保额为保单账户价值的 105%，从第六个保单年度开始，身故保险金额为该保单账户价值的 100% 。

（4） 死亡在一年中均匀发生。

（5） 不考虑投连型产品的非单位准备金。

（6） 保费收入发生在期初，保险给付和费用支出则发生在期末。

（7） 投资组合在期初确定并在未来的各个节点可以发生变化。

（8） 与传统寿险产品相比，投连型产品在费用收取上更加透明。
目前市场上投连型产品收取的费用主要有资产账户管理费、投资单
位买卖差价、保单管理费、退保及部分领取费、保险保障费。虽然
这些项目看似较多，但实际费用水平不一定有传统产品高。传统产
品也发生类似费用，只不过在传统产品中，这些费用对客户来说并
不明显。本书的费用假设为，合同生效前五年内部分提取费用分别
为保费的 5% 、4% 、3% 、2% 、1% ，自第六年开始不再收取部分提
取费用。

（9） 资金全部进行股票投资，每月对投资组合进行一次调整。

（10） 不考虑基金买入卖出差价。

二、模型的描述

投连型产品资产负债管理随机规划模型为

$$\max \sum_{l \in \Omega} p^l \times U\left\{\frac{profit_T^l}{C}\right\} \tag{6 - 29}$$

$s. t.$

$$\sum_{i=1}^{I} X_{itn}^b + DBpayment_{tn} + f_{tn} + S_{tn} = \sum_{i=1}^{I} X_{itn}^s + premium_{tn} \tag{6 - 30}$$

$$A_{tn} = \sum_{i=1}^{I} X_{itn}^h = \sum_{i=1}^{I} X_{i,t-1,\hat{n}}^h (1 + r_{itn}) +$$
$$premium_{tn} - DBpayment_{tn} - f_{tn} - S_{tn} \tag{6 - 31}$$

$$C + premium_0 = \sum_{i=1}^{I} X_{i01}^h \qquad (6-32)$$

$$X_{i01}^h = X_i^{ini} - X_{i01}^s + X_{i01}^b \qquad (6-33)$$

$$X_{itn}^h = (1 + r_{itn})X_{i,t-1,\hat{n}}^h - X_{itn}^s + X_{itn}^b \qquad (6-34)$$

$$X_{itn}^h \geqslant 0, X_{itn}^s \geqslant 0, X_{itn}^b \geqslant 0 \qquad (6-35)$$

$$X_{itn}^s \times X_{itn}^b = 0 \qquad (6-36)$$

$$E_{tn} = A_{tn} - L_{tn} \qquad (6-37)$$

$$profit_{tn} = \delta \times A_{tn} \qquad (6-38)$$

$$E_{tn}/MR_{tn} \geqslant 150\% \qquad (6-39)$$

其中，式（6-29）为模型的目标函数；式（6-30）、式（6-31）和式（6-32）为现金流平衡约束；式（6-33）和式（6-34）为账户平衡约束；式（6-35）保证各种资产不能卖空；式（6-36）保证在各期初不能同时买卖某种资产，同时买卖某种资产毫无意义，只会增加交易成本；式（6-37）为偿付能力额度资本约束；式（6-38）为利润约束；式（6-39）为偿付能力充足率约束。各个变量的含义详见第三章。

三、模型的求解

考虑两个计划期，每个时期假设未来有四种可能情景发生，这样树的结构为1-4-4，共有21个节点、183个约束条件、85个决策变量的非线性规划问题。使用lingo软件构建两个模型进行求解，表6-14给出了模型的优化结果。分析表6-14可以得到两点结论：首先，与投资组合不变的固定比例模型相比，随机规划模型的资本要求降低了6.9%，而期望效用水平增加了68.22%，可见，随机规划模型能够在降低产品线的资本要求的同时增加了期望效用水平，因此，与分红型及万能型产品相似，随机规划模型要优于固定比例模型，进而优于匹配模型。其次，随机规划模型将绝大部分资产投资于能源指数，主要原因是在大多数情景下，能源指数收益率要高于其他两种指数。

表6－14　　　　　　　　　优化模型的求解结果

	资本要求	期望效用	能源指数占比 （％）	金融指数占比 （％）	工业指数占比 （％）
随机规划模型	1641.1	1.481	87.12	10.10	2.78
固定比例模型	1743.65	1.2312	89.56	9.67	0.77

为了比较 VaR 模型和 Copula－GARCH 模型生成的情景树对随机规划模型结果产生的影响，本书同时使用 VaR 模型生成三种指数收益率的无套利情景树，在此基础上对规划模型进行求解，两种模型的优化结果见表6－15。

表6－15　Copula－GARCH 模型与 VaR 模型优化结果的比较

	资本要求	期望效用	能源指数占比 （％）	金融指数占比 （％）	工业指数占比 （％）
Copula 模型	1641.1	1.481	87.12	10.10	2.78
VaR 模型	1577.81	1.898	71.39	15.75	12.86

分析表6－15可知，与 Copula－GARCH 模型相比，使用 VaR 模型的资本要求会降低，而期望效用水平会增加。主要原因在于，基于线性相关假设的 VaR 模型不能很好地捕捉到随机变量之间相关关系的时变性、非线性及非对称性特征，特别是 VaR 模型无法描述变量之间的下尾相依特征，从而低估资产收益率的尾部风险。总之，使用 VaR 模型会低估风险，高估收益。

四、参数的敏感性分析

（一）风险厌恶系数敏感性分析

表6－16给出了风险厌恶系数敏感性分析结果，与分红型产品及万能型产品不同，风险厌恶系数的增加不会改变资本要求，只会使期望效用水平降低，改变投资组合策略。

表6-16　　　　　　　　风险厌恶系数敏感性分析

风险厌恶系数	0.1	0.3	0.5	0.7	0.9
资本要求	1641.1	1641.1	1641.1	1641.1	1641.1
期望效用水平	2.749	2.109	1.481	0.8567	0.235
能源指数占比（%）	68.42	74.91	87.12	80.47	91.27
金融指数占比（%）	20.17	23.21	10.10	15.94	0.00
工业指数占比（%）	11.40	1.88	2.78	3.59	8.73

（二）偿付能力充足率敏感性分析

表6-17给出了偿付能力充足率敏感性分析结果，偿付能力充足率要求的提高会增加资本要求，降低保险公司的期望效用水平。

表6-17　　　　　　　偿付能力充足率敏感性分析

偿付能力充足率（%）	100	150	200	250	300
资本要求	1094.6	1641.1	2188.09	2735.113	3282.135
期望效用水平	2.199	1.481	1.119188	0.899209	0.751485
能源指数占比（%）	72.36	87.12	76.12	71.49	74.48
金融指数占比（%）	27.64	10.10	10.91	19.45	14.48
工业指数占比（%）	0	2.78	12.97	9.06	11.04

（三）费用水平敏感性分析

表6-18给出了费用水平敏感性分析结果，由表6-18可得到以下结论：首先，与分红型产品及万能型产品不同，费用率的增加会降低资本要求，可能的原因是对于投连型产品来说，准备金等于投资账户的现金价值，当费用水平增加时，投资账户的现金价值会降低，这样在满足相同偿付能力充足率条件下，资本要求会降低；其次，费用率的增加会使期望效用水平降低，原因在于费用水平的增加会降低产品的利润率，进而降低期望效用水平。

表 6 - 18　　　　　　　　费用率水平敏感性分析

费用率变化（%）	- 50	- 25	0	25	50
资本要求	1644.063	1642.593	1641.1	1639.652	1638.181
期望效用水平	1.48203	1.481906	1.48168	1.481454	1.481227
能源指数占比（%）	67.40	72.45	87.12	59.99	67.78
金融指数占比（%）	23.55	17.91	10.10	28.89	17.94
工业指数占比（%）	9.05	9.64	2.78	11.12	14.28

第四节　本章小结

在第四章资产组合收益率情景生成及第五章负债情景生成和负债价值评估的基础上，本章将资产负债管理随机规划模型运用到应用新型寿险产品的资产负债管理中，并对各种参数进行了敏感性分析。分析研究表明，与投资组合不变的固定比例模型相比，随机规划模型在降低产品线的资本要求的同时增加了期望效用水平，主要原因在于随机规划模型能够根据未来的各种不同情景对投资组合进行充分的调整，使未来各个时期的组合收益率达到最大，尽量规避可能的下方风险。而 Ziemba（2007）的研究表明，固定比例模型又要优于遵循买入并持有到期的匹配模型，因此，随机规划模型优于传统的匹配模型，当本书改变参数值时能够得到相同的结论。随机抽样及调整随机抽样方法会使优化结果存在一定的波动，造成结果波动较大的主要原因在于随机抽样方法生成稀疏的未来情景不能很好地代表资产收益率的真实概率分布。处理上述问题最有效的方法就是增加每期生成节点的个数，然而，如果每期节点都增加，这样会使总节点个数呈几何状态增加，从而大大增加随机规划问题的难度。本书使用 K - Means 抽样方法通过抽取有代表性的情景，较好地解决了上述问题，克服了现有文献（如 Dupacova，2007；Consiglio，2006；金秀，2007 等）的不足。其次，资产配置主要受资产收益率情景的影响。本书发现，在大多数情况下，银行存款约占总资产的10%，银行存款的风险较低，然而，其平均收益率却低于债券和股票（股票收益率均值为15.15%，国债收益率均值为5.65%，银行存款利率的均值为3.45%），因此持有的比例不能过高；国债的持有比例较高，主要原因在于，与银行存款相比其收益率较高，而与股票相比其风险较低，所以，债券的持有量都维持在80%左右的水平上；股票的持有量在10%左右，虽然从长期来看，股票的平均收益为19.9%，远远高于存款和国债的收益率，但是与银行存款相比，股票的风险还是很大的（股票收益率的标准差为51.15%，国债收益率的标准差为5.65%，存款利率的标准差为2.45%），因此，10%左右的持有比例还是较为合理的。最后，资本配置额度主要受模型相关参数的影响。以分红型产品为例，本书发现，保证利率水平、红利分配比例、偿付能力充足率及费用率的增加会引起资本要求的增加，主要原因在于：首先，当保证利率水平增加时，保险公司未来的投资压力增加，公司会将更多的资产投资于高风险的股票市场，出现偿付能力不足的可能性也会增加，为了使公司偿付能力始终处于监管要求的充足率水平，公司需要持有更多的初始资本以应对未来投资市场各种不利情况的发生；其次，红利分配比例增加意味着保险公司将更多的当年利润分配给了保单持有人，那么未来年度发生亏损及偿付能力不足的可能性会增加，因此，需要更多的初始资本以应对这种不利情况的发生；再次，偿付能力充足率的提高意味着保险公司需要持有更多的初始资本以应对监管机构的要求；最后，费用水平增加会使保险公司的支出增加，从而侵蚀了利润，严重的情况可能危及公司的偿付能力，因此，需要持有更多的初始资本以应对这种不足。

　　由于模型中涉及的数据种类多，在综合求解的过程中难免带来误差，通过 lingo 软件建模，得出一个比较具体的最优解，这也表明本书构建的模型具有一定的实际意义。

第七章 结　　论

第一节　对研究内容和主要结论的回顾

资产负债管理是保险公司风险管理的重要组成部分，而新型寿险产品在保险公司的业务构成中占有非常重要的比例。因此，新型寿险业务本身的资产负债管理是一个核心问题，本书选择的研究对象正是保险业面对的这个实际问题。

资产负债管理问题不仅对保险公司重要，对其他金融机构同样重要，因此，在养老金管理、商业银行、投资基金领域，都已经有许多研究成果。而本书的独特之处在于将相关领域的研究方法应用于人寿保险公司新型业务的资产负债管理问题中。

在研究方法上，本书主要借鉴了已有研究中的 Carino et al（1994）和 Consiglio et al（2006）的思想，将多阶段随机规划模型用于模拟资产负债管理问题。但由于研究对象是寿险公司的新型寿险产品业务而不是公司整体的资产负债管理，在应用过程中会遇到一些技术困难，而解决这些技术困难则构成了本研究的核心内容。

首先在于建模。本书在充分考虑寿险公司新型寿险产品的内部特征和面临的外部资本市场环境与保险监管环境基础上，为新型寿险产品构建资产负债管理随机规划模型，提出了模型的两个决策问题：资本配置和资产配置。模型的目标函数反映了保险公司资产负债管理者的管理目标，约束条件包括现金流账户平衡约束、存货平衡约束、红利分配约束、监管约束及投资约束等。

其次，应用随机规划模型的关键点之一是用随机模拟方法生成未来的各种情景，包括资产收益率情景和负债情景。本书第四章使用向量自回归模型（VaR 模型）和 Copula – GARCH 模型生成未来的经济情景，在上述情景生成的基础上使用 K – Means 聚类抽样方法构建无套利情景树。在负债情景生成方面，本书第五章使用带有惩罚的泊松对数双线模型对死亡率进行建模，使用该模型对未来的死亡率进行预测并生成未来死亡率情景；对退保率建立计量经济模型，并生成未来退保率情景。

最后，本书第六章从我国新型寿险产品面临的特殊投资和监管环境出发，分别对投连型寿险产品、万能型寿险产品及分红型寿险产品的资产负债管理问题进行了实例应用。

本研究的主要结论如下：

第一，本书构建的随机规划模型要优于固定比例模型（fix – mixed model），能够在降低产品线资本要求的同时增加决策者的期望效用水平。主要原因在于随机规划模型能够根据未来的各种不同情景对投资组合进行充分的调整，使未来各个时期的组合收益率达到最大，同时尽量规避可能的下方风险。

第二，随机抽样法及调整随机抽样方法都会使优化结果产生一定的波动，主要原因在于，所生成的未来情景稀疏，不能很好地代表资产收益率真实概率分布。如果增加每期生成节点的个数，又会使总节点个数呈几何级数状态增加，从而大大增加随机规划问题的难度。本书使用 K – Means 抽样方法较好地解决了上述问题，通过抽取有代表性的情景，克服了现有文献（如 Dupacova，2007；Consiglio，2006；金秀，2007 等）的不足。

第三，资产配置受资产收益率情景的影响显著。本研究发现，大多数情况下，典型寿险公司的银行存款约占总资产 10%，这个持有比例有其合理性。原因在于,虽然银行存款的平均收益率低于债券和股票(股票收益率均值为15.15%,国债收益率均值为5.65%,银行存款利率的均值为3.45%),但由于国债的持有比例较高,通常都维持在80%左右的水平上,股票的持有量则在10%左右,银行存款与股票之间有平衡效应。

第四,资本配置额度主要受模型相关参数的影响。以分红产品为例,本研究发现,保证利率水平、红利分配比例、偿付能力充足率及费用率的增加会引起资本要求的增加。主要原因:(1)当保证利率水平增加时,保险公司未来的投资压力增大,公司会将更多的资产投资于高风险的股票市场,出现偿付能力不足的可能性也会随之增加,为了使公司偿付能力始终处于监管要求的充足率水平,公司需要持有更多的初始资本以应对未来投资市场各种不利情况的发生;(2)红利分配比例增加意味着保险公司将更多的当年利润分配给了保单持有人,从而增加未来年度亏损及偿付能力不足的可能性,因此需要更多的初始资本以应对这种不利情况的发生;(3)偿付能力充足率的提高意味着保险公司需要持有更多的初始资本以应对监管机构的要求;(4)费用水平增加会使保险公司的支出增加,从而侵蚀利润,情况严重的可能会危及公司的偿付能力,因此,需要持有更多的初始资本以应对这种不足。

第五,不同的情景生成模型对优化结果的影响很大。本书比较了 VaR 模型和 Copula – GARCH 模型生成的情景树对随机规划模型结果产生的影响,结果表明,与 Copula – GARCH 模型相比,使用 VaR 模型的资本要求会降低,而期望效用水平会增加。主要原因在于,基于线性相关假设的 VaR 模型不能很好地捕捉到随机变量之间相关关系的时变性、非线性及非对称性特征,特别是 VaR 模型无法描述变量之间的下尾相依特征,从而低估资产收益率的尾部风险,进而导致其低估风险,高估收益。

第二节 本书的不足及后续的研究

限于时间、数据及作者知识体系的不足，本书存在如下不足，这些不足之处也构成了后续研究的一部分。

（1）只考虑了两个计划期，没有将整个保单承保期纳入随机规划模型中，由于每增加一个时期，模型的复杂程度呈指数化增长。有研究发现，当模型规划超过五个计划期时，即使是大型的计算机，模型的求解也会变得非常困难。因此，需要开发适当的计算机算法以降低求解的难度，后续研究可以考虑更容易的计算机算法以降低模型的求解难度，增加模型的计划期。

（2）只考虑了保险公司所面临的市场风险和承保风险，并未考虑信用风险和操作风险等其他风险，如何将这些风险考虑到模型中仍是一个值得研究的后续问题。

（3）对投资资产的选择只限于银行存款、债券及股票。然而，保险公司可投资的资产远不止这些，后续研究可以考虑加入更多的资产类别，以使模型更具有操作性。

参考文献

［1］包卫军，胡杰. 2008：基于多维 Copula 函数的投资组合 CVaR 分析［J］. 统计与信息论坛，2008（9）.

［2］边念怡. 基于随机规划得多阶段养老金投资策略研究［D］. 华北电力大学硕士学位论文，2008.

［3］陈军. 社保养老金资产负债管理的随机规划模型研究［D］. 暨南大学硕士学位论文，2007.

［4］陈友平. 论保险公司的投资策略［J］. 保险研究，2000（7）.

［5］戴稳胜. 美国保险危机对中国保险业的启示［J］. 保险研究，2004（4）.

［6］段国圣，刘大伟. 保险投资绩效评价［J］. 保险研究，2005（9）.

［7］何其祥，张晗，郑明. 包含股指期货的投资组合之风险研究——Copula 方法在金融风险管理中的应用［J］. 数理统计与管理，2009（1）.

［8］韩猛，王晓军. Lee－Carter 模型在中国城市人口死亡率预测中的应用与改进［J］. 保险研究，2010（10）.

［9］金秀. 资产负债管理多阶段模型与应用［D］. 东北大学博士毕业论文，2006.

［10］吉小东，汪寿阳. 中国养老基金动态资产负债管理的优化模型与分析［J］. 系统工程理论与实践，2005（5）.

［11］赖志杰. 我国产险业资产负债管理技术之研究——以动态财务分析为例［D］. 台湾朝阳科技大学硕士毕业论文，2003.

［12］刘建强. 寿险公司资产负债管理理论的演变［J］. 商业研究，2005，309.

［13］李秀芳. 中国寿险业资产负债管理研究［M］. 北京：中国社会科学出版社，2002.

［14］李建英. 保险偿付能力监管的国际比较与启示［J］. 江西财经大学学报，2004（6）.

［15］刘代春. 寿险公司如何实施全面风险管理［J］. 软件世界，2005（5）.

［16］刘建强，等. 远期利率在寿险公司资产负债管理中的应用［J］. 山西财经大学学报，2004（6）.

［17］倪红霞. 中国寿险业利差损规模测算与分析［J］. 精算通讯，2010（3）.

［18］史鹏，柏满迎. 贝叶斯方法在养老基金资产负债管理中的应用［J］. 数理统计与管理，2005（4）.

［19］王建伟. 基于控制论的保险公司资产负债管理研究［D］. 湖南大学博士毕业论文，2006.

［20］魏法明. 基于随机规划动态投资组合中的情景元素生成研究［D］. 同济大学博士毕业论文，2008.

［21］韦艳华，张世英. 金融市场的相关性分析 Copula – GARCH 模型及其应用［J］. 系统工程，2004（22）.

［22］吴振翔，陈敏，叶五一，缪柏其. 基于 Copula – Garch 的投资组合风险分析［J］. 系统工程理论与实践，2006（3）.

［23］谢远涛，高晓斐，杨娟. 有显式解的养老金动态资产负债管理模型［J］. 统计与信息论坛，2008（3）.

［24］解强，李秀芳. 基于多目标规划的寿险公司资产负债管理

［J］. 当代经济科学，2008（3）.

［25］张登婧. 动态财务分析在非寿险公司的应用初探［D］. 西南财经大学硕士毕业论文，2006.

［26］周晶晗. 二叉树利率期限结构模型应用初探——以寿险公司资产负债管理为例［J］. 上海金融学院学报，2007（3）.

［27］邹琪，黄奔. 中国保险业投资风险分析［J］. 保险研究，2004（6）.

［28］张宏业. 久期免疫策略在保险风险防范中的应用［J］. 保险研究，2000（3）.

［29］张佳楠. 中资寿险公司利率风险分析与防范［J］. 保险研究，2005（4）.

［30］赵天荣. 商业银行资产负债管理中的风险免疫策略［J］. 上海金融，2000（9）.

［31］张尧庭. 连接函数（Copula）技术与金融风险分析［J］. 统计研究，2002（4）.

［32］祝伟，陈秉正. 中国城市人口死亡率的预测［J］. 数理统计与管理，2009（4）.

［33］中国保监会. 人身保险公司全面风险管理实施指引（保监发〔2010〕89 号）［Z］.

［34］中国保监会. 保险机构投资者股票投资管理暂行办法（保监发〔2004〕12 号）［Z］.

［35］中国保监会. 保险公司偿付能力管理规定（保监发〔2008〕1 号）［Z］.

［36］中国保监会. 保险公司偿付能力报告编报规则第 11 号：动态偿付能力测试（保监发〔2006〕313 号）［Z］.

［37］中国保监会. 分红保险管理暂行办法（保监发〔2000〕26 号）［Z］.

［38］中国保监会. 关于调整寿险保单预定利率的紧急通知（保监发〔1999〕93 号）［Z］.

［39］中国保监会. 关于保险业做好〈企业会计准则解释第 2 号〉实施工作的通知（保监发〔2010〕第 6 号）［Z］.

［40］中国保监会. 关于人身保险预定利率有关事项的通知（征求意见稿）（保监厅函〔2010〕第 308 号）［Z］.

［41］中国保监会. 企业会计准则解释第 2 号（保监发〔2010〕第 6 号）［Z］.

［42］中国保监会. 个人分红保险精算规定（保监发〔200〕67 号）［Z］.

［43］中国保监会. 保险公司偿付能力报告编报规则第 2 号（保监发〔2004〕153 号）［Z］.

［44］中国保监会. 人身保险新型产品精算规定的通知（保监发〔2003〕67 号）［Z］.

［45］中国保监会. 关于印发〈人身保险公司全面风险管理实施指引〉的通知（保监发〔2010〕89 号）［Z］.

［46］中国保监会. 关于实施〈保险公司偿付能力规定〉有关事项的通知（保监发〔2008〕89 号）［Z］.

［47］ALGOET P, T COVER. Asymptotic Optimality Asymptotic Equipartition Properties of Log – Optimum Investments ［J］. Ann. Prob, 1988, 16：876 – 898.

［48］BACINELLO A R . Fair Pricing of Life Insurance Participating Policies with a Minimum Interest Rate Guaranteed ［J］. ASTIN Bulletin, 2001, 31（2）：275 – 97.

［49］BARRO D, CANESTRELLI E. Dnymic Portfolio optimization：time decomposition using the maximum Principle with a scenario approach ［J］. European Journal of Operational research, 2005, 163（1）：217 – 229.

［50］BOULIER J F, HUANG S, TAILLARD G . Optimizing management under stochastic interest rate：the case of a Protected defined contribution Pension fund ［J］. Insurance ：Mathematic & Eonomics, 2003, 28（2）：173 – 189.

［51］BROUHNS N, DENUIT M, VERMUNT J K . A Poisson log – bilinear approach to the con – struction of projected life tables ［J］. Insurance：Mathematics & Economics, 2002, 31：373 – 393.

［52］BROUHNS N, DENUIT M, VERMUNT J K. Measuring the longevity risk in mortality project – ions ［J］. Bulletin of the Swiss Association of Actuaries, 2002, 23：105 – 30.

［53］BOLLERSLEV T. Generalized Autoregressive Conditional Heteroskedasticity ［J］. Journal of Econometrics, 1986, 31：307 – 327.

［54］BOENDER G C E. A hybrid simulation/optimization scenario model for asset/liability managemen ［J］. European Journal of Operational Research, 1999, 99：126 – 135.

［55］BRADLEY S P, CRANE D B. A Dynamic model for bond Portfolio management ［J］. Management Science, 1972, 19（1）：139 – 151.

［56］BREIMAN L. Optimal gambling systems for favorable games ［M］. University of Califo rnia Press, 1961, 1：65 – 78.

［57］BRENNAN M J, Schwartz E S. The Pricing of Equity – Linked Life Insurance Policies with an Asset Value Guarantee ［J］. Journal of Financial Economics, 1976, 3：195 – 213.

［58］BRIYS E, DEVARENNA E. On the Risk of Life Insurance Liabilities：Debunking Some Common Pitfalls ［J］. Journal of Risk and Insurance, 1997, 64：673 – 694.

［59］CONSIGLIO A, SAUNDERS B, STAVROS A. Zenios. Asset

and liability management for insurance products with minimum guarantees: The UK case [J]. Journal of Banking & Finance, 2006, 30: 645 – 667.

[60] CARINO D R, KENT T, MYERS D H, et al. The Russell – Yasuda Kasaimodel: An asset – liability model for a Japanese insurance company using multistage stochastic programming [J]. Interfaces, 1994, 24 (1): 29 – 49.

[61] DERT C. Asset Liability Management for Pension Funds [D]. PhD thesis, Erasmus University, Rotterdam, Netherlands, 1995.

[62] DRIJVER S. Asset Liability Management for Pension Funds using Multistage Mixed – integer Stochastic Programming [M]. Labyrint Publications Pottenbakkerstraat 15 – 17 2984 AX Ridderkerk The Netherlands, 2005.

[63] DUPAČOVÁ J G, CONSIGLI S W, WALLACE. Scenarios for Multistage Stochastic Prog – rams [J]. Annals of Operations Research, 2003, 43: 12 – 31.

[64] EMBRECHTS P, MCNEIL A J, STRAUMANN D. Correlation and dependence in risk manage ment: Properties and pitfalls [M]. Cambridge University Press, 1999: 176 – 223.

[65] FOMBELLIA R J, ZAPERO J P R. Optimal risk management in difined benefit stochastic Pension funds [J]. Insurance: Mathematic and Economics, 2004, 34 (3): 489 – 503.

[66] FLETEN S E, WALLACE S W, ZIEMBA W T. Hedging electricity portfolios using stochastic programming [J]. European Journalof Operational Research, 2002, 91: 912 – 941.

[67] GOLDSTEIN A B, MARKOWITZ B G. A dynamic insurance-model with investment struc – ture, policy benefits and taxes, Journal of Finance, 1982, 37: 595 – 604.

［68］GOLUB B, HOLMER M, MCKENDALL R, et al. Stochastic program – ming models for money managemen ［J］. European Journal of Operational Research, 1997, 85：282 – 296.

［69］GONDZIO J, KOUWENBERG R. High – performance compu- ting for assetliability manage ment ［J］. Operations Research, 1999, 191：712 – 742.

［70］GENEST C, MACKAY R J. Copula archimediennes et familles de lois bidimen – sionnelles dont les marges sont donn'ees ［J］. Larevue canadiennede statistique, 1986, 14：145 – 159.

［71］GERSTENER T, GRIEBEL M, HOLTZ M, et al. A general asset – liability man – agement model for the efficient simulation of portfoli- os of life insurance policies ［J］. Insurance：Mathematics and economic, 2008, 42：704 – 716.

［72］GROSEN A, JORGENSEN P L. Fair Valuation of Life Insur- ance Liabilities：The Impact of Interest Rate Guarantees, Surrender Op- tions, and Bonus Policies ［J］. Insurance：Mathematics and Economics, 2000, 26：37 – 57.

［73］HILLI, KOIVU M, PENNANEN T. A stochastic model for as- sets and liabilities of a pension institution ［J］. PBSS Section Colloquium. 2007.

［74］HARRISON J M, KREPS D M. Martingales and arbitrage in multiperiod securities markets ［J］. Journal of Economic Theory, 1979, 20：381 – 408.

［75］ZIEMBA W T, MULVEY J M. Worldwide Asset and Liability Modelling ［J］. Cambridge University Press, UK, 1998.

［76］HAKANSSON N H. Optimal investment and consumption strategies under risk – an uncertain lifetime and insurance ［J］. International Economic Review, 1969, 10: 443 – 466.

[77] HILLER R S, CKSTEIN J E. Stochastic dedication: Designing fixed in – come portfolios using massively parallel Benders decomposition [J]. Management Science, 1993, 39: 1422 – 1438.

[78] HOLMER M R. The asset – liability management system at Fannie Mae [J]. Interfaces, 1994, 24 (3): 3 – 21.

[79] HOLMER M R, ZENIOS S A. The productivity of nancial in – termedi – ation and the technology of financial product management [J]. Operational Research, 1995, 43 (6): 970 – 982.

[80] HOYLAND K. Asset Liability Management for a Life Insurance Company: A stochastic programming approach [D]. PhD thesis, Norwegian University of Science and Technology, Trondheim, Norway. 1998,

[81] HLYLAND K, WALLACE S W. Generating scenario trees for multistage problems [J]. Man agement Science, 1999, 43 (6): 970 – 982.

[82] JULES H. Van Binsbergen, Michael W. Optimal Asset Allocation in Asset Liability Management [Z]. NBER Working Paper. 2007,

[83] Klaassen P. Comment on Generating scenario trees formulti- stagedecision problems [J]. Management Science, 2002, 48: 1512 – 1516.

[84] KLAASSEN P. Solving Stochastic Programming Models for Asset Liability Manage ment using Iterative Disaggregation [J]. Research Memorandum, 1997, 23: 312 – 342.

[85] KELLY L. A new Interpretation of Information Rate [J]. Bell systemTech, 1956: 917 – 269

[86] KOUWENBERG R. Senario generation and stochastic programming models for asset lia – bility management [Z]. Working Paper,

Econometric Institute, Erasmus University Rotterdam. 1998.

［87］KOUWENBERG R. Scenario generation and stochastic programming models for asset liability management ［J］. European Journal of Operations Research, 2001, 134: 279 - 292.

［88］KUSY M, ZIEMBA W T. A bank asset and liability management model ［J］. Operations Research, 1986, 21: 131 - 151.

［89］KOUWENBERG R, ZENIOS S A. Stochastic programming models for asset liability management ［M］. Handbook of Asset and Liability Management, 2006: 254 - 303.

［90］KLAASSEN P. Discretized reality and spurious projects in stochastic programming models for asset - liability management ［J］. European Journal of Operational Research, 1997, 101: 374 - 392.

［91］KLAASSEN P. Financial asset - pricing theory and stochastic program - ming models for asset - liability management: A synthesis ［J］. Management Science, 1998, 44: 31 - 48.

［92］KONNO H, KOBAYASHI H. An integrated stockbond portfolio optimization model ［J］. Journal of Economic Dynamics and Control, 1997, 21: 1427 - 1444.

［93］KONNO H H, YAMAZAKI. Mean - absolute deviation portfolio optimization model and its applications to Tokyo stock market ［J］. Management Science, 1991, 37 (5): 519 - 531.

［94］KOSIOSIDES Y, DUARTE A. A scenario - based approach for activeasset allocation ［J］. The Journal of Portfolio Management, 1997, 34: 74 - 85.

［95］LONGIN F, SOLNIK B. Extreme correlation of internationalEquity market ［J］. Journal of Finance, 2001, 56 (2): 649 - 676.

［96］LI D X. On Default Correlation: a copula Function Approach

[J]. Journal of Fixed Income, 2000, 9: 43 –54.

[97] LEE R D. The Lee – Carter method offorecasting mortality, with various extensions and applications [J]. North American Actuarial-Journal, 2000, 4: 80 –91.

[98] LEE R D, CARTER L. Modelling andforecasting the time series of US mortal – ity [J]. Journal of the American StatisticalAssociation, 1992, 87: 659 –671.

[99] MARANAS C D, ANDROULAKIS I P, FLOUDAS C A, et al. Solv – ing long ter m financial planning problems via global optimization [J]. Journal Economic Dynamics and Control, 1997, 21: 1405 – 1425.

[100] MOSSIN J. Optimal multiperiod portfolio policies [J]. Journal of Business, 1987, 41: 215 –229.

[101] MILTERSEN K R, PERSSON S A. Guaranteed Investment Contracts: Distributed and Undistri buted Excess Returns [D]. Working Paper, Department of Finance and Management Science, Norwegian School of Economics and Business Administration, 2000.

[102] MACLEAN L, ZIEMBA W T, BLAZENKO G. Growth versus security in dynamic investment analysis [J]. Management Science, 1992, 38: 1562 –1585.

[103] MULVEY J M. GENERATING scenarios for the towers perrin investment system [J]. Interfaces, 1996, 26: 1 –15.

[104] MULVEY J M, MORGAN G C. An asseet and liability management system for Towers Perrin – Tillinghast [J]. Interfaces, 2000, 30 (1): 96 –114.

[105] MULVEY J M. Generating scenarios for the towersperrin investment system [J]. Interfaces, 1996, 26: 1 –15.

［106］NAIK V. Finite state securities market models and arbitrage ［J］. Handbooks in OR&MS, 1995: 31 – 64.

［107］NELSEN R. An introduction to copulas ［M］. New York: Springer, 1999.

［108］SAMUELSON P A. Lifetime portfolio selection by dynamic stochastic program – ming ［J］. Review of Economics and Statistics, 1969, 51: 239 – 246.

［109］OGUZSOY C B, GÜEN S. Bank Asset and Liability Management under Uncertainty ［J］. European Journal of Operational Research, 1997, 102: 575 – 600.

［110］PUELZ A V. A stochasticconvergence model for Portfolio selection ［J］. Operations Research, 1996, 50 (3): 462 – 476.

［111］P FLUG. stochastic program and statistical data ［J］. Annals of operation research, 1999, 85: 59 – 78.

［112］SHTILMAN M S, ZENIONS S A. Constructing optimal samples froma binomial lattice ［J］. Journal of Information and Optimization Sciences, 1993, 14: 1 – 23.

［113］SORTINO F A, VANDERMEER R. Downside risk capturing whatsat stake in invest – ment situations ［J］. Journal of Portfolio Management, 1991, 31: 17 – 27.

［114］SKLAR A. Functions de repartitionàn dimensions et leurs marges ［M］. Publication de l' Institut de Statistique de l' Universitéde Paris, 1959, 8: 229 – 231.

［115］RAMCHAND L, SUSMEL R. Volatility and cross correlation across major stock market ［J］. Journal of Empirical Finance, 1998, 5: 397 – 416.

［116］ROSENBERG J V, SCHUERMANN T. A general approach

to integrated risk management with skewed fat – tailed risk ［J］. Research and Market Analysis Group, Federal Reserve Bank of New York, 2004.

［117］ ROCKAFELLAR R T, Uryasev S. Optimizationofconditional Value – at – Risk ［J］. Journal of Risk, 2000, 2: 21 –41.

［118］ RENSHAW A E, HABERMAN S. Lee – Carter mortality forecasting with ages – pecific enhancement ［J］. Insurance: Mathematics & Economics, 2003, 33: 255 – 72.

［119］ RENSHAW A E, HABERMAN S. Lee – Carter mortality forecasting: a parallel generalized linear modelling approach for England and Wales mortality projections ［J］. Applied Statistics, 2003, 52: 119 – 137.

［120］ RENSHAW A E, HABERMAN S. On the forecasting of mortality reduction factors ［J］. Insurance: Mathematics & Economics, 2003, 32: 379 –401.

［121］ TOPALOGLOU N, VLADIMIROU H, STAVROS A. A dynamic stochastic programing model for international portfolio management ［J］. European Journal of Operational Research, 2006: 1501 – 1524.

［122］ THIERRY ANÉ, CAROLE, MÉTAIS. The distribution of realized variances: Marginal behavior asymmetric dependence and contagion effects ［J］. International Review of Financial Analysis, 2009, 71: 712 – 741.

［123］ VAN BINSBERGEN J H, BRANDT M W. Optimal Asset Allocation in Asset Liability Management ［Z］. NBER Working Paper 12970, 2007.

［124］ WILKIE A D. A stochastic investment model for actuarial use ［J］. T. F. A. 1986, 39: 341 – 403.

［125］ WALLACE S W, ZIEMBA W T. Applications of Stochastic

Programming [J]. SIAM – Mathematical Programming Society, Philadelphia, PA, 2005.

[126] WETS R J B. Stochastic programming [M]. Handbooks in Operations Research and Management Science, 1989, 1: 573 – 629.

[127] WINKLEVOSS H E. Pension liability and asset simulation model [J]. Journal of Finance, 1982, 37: 585 – 594.

[128] WORZEL K J, ZENIOS S A. Integrated simulation and opti – mization models for tracking fixed – income indices [J]. Operations Research, 1994, 42: 223 – 233, .

[129] XIA Y. 2000, "Learning about predictability: The effects of parameter uncertainty on dyn am ic asset allocation [J]. Journal of Finance, 2000, 56: 585 – 594.

[130] ZENIOS S A. Financial Optimization [M]. Cambridge: Cambridge University Press, 1993.

[131] ZENIOS S A, HOLMER M, MCKENDALL R, et al. Dynamic models for fixed – income portfolio management under uncertainty [J]. Journal of Economic Dynamics and Con trol, 1998, 22: 1517 – 1541.

[132] ZHAO Y G, ZIEMBA W T. A Stochastic Programming Model Using an Endogenously Determined Worst Case Risk Measure for Dynamic Asset Allocation [J]. Mathematics Program, 2001, 89 (2): 293 – 309.

[133] ZIEMBA W T. The Russell – Yasuda Kasai, InnoALM and Related Models [M]. Hand – book of Asset and Liability Management, 2007, 2: 255 – 272.